MYTHOLOGIE MAYA

Petit livre des Symboles

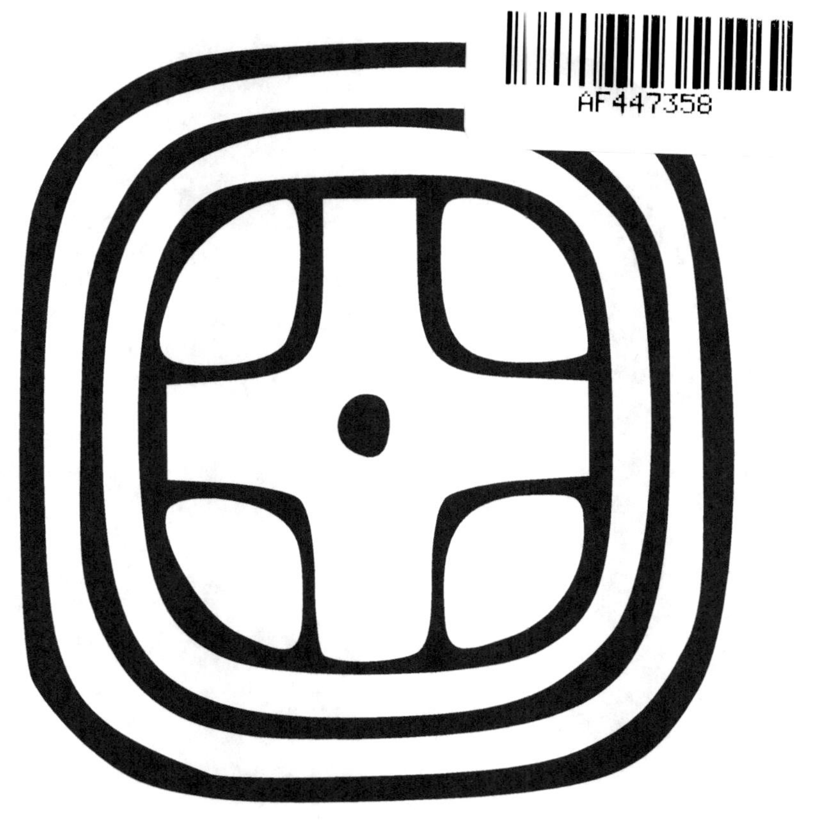

IMIX

pour la pluie et l'eau ainsi que leurs
rêves leur apportent la sagesse
plutôt que la folie.

L'Imix est aussi le premier jour
du calendrier maya.

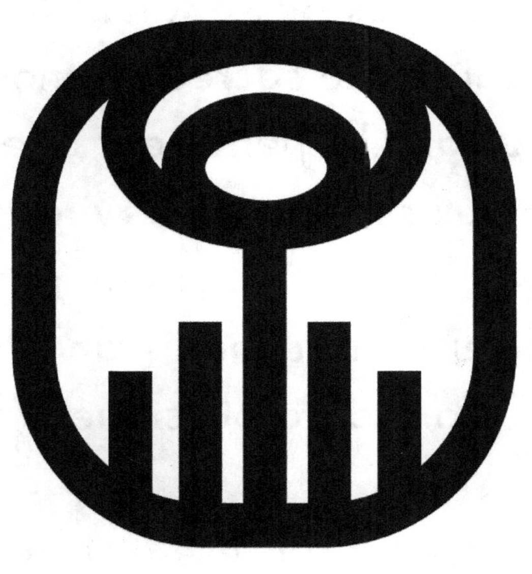

IMIX

IMIX

L'Imix est le signe d'un autre monde, d'une autre réalité.

Les Mayas croyaient que les crocodiles possédaient une connaissance sacrée du monde souterrain. Ils pensaient que ces animaux sacrés ont servi de lien avec le monde humain pour apporter cette connaissance dans la réalité physique.

L'Imix est représentatif de différentes dimensions et existences et peut être associé à la folie et à la démence.

Le jour de l'Imix, les Mayas rendent grâce à l'esprit de la pluie et prient

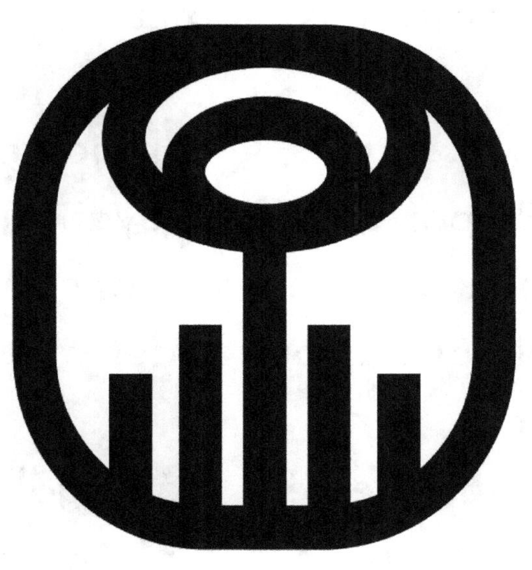

IMIX

IK

Le Ik est l'esprit du vent.

Ik est un esprit chargé d'infuser la vie sur Terre.
Son patron est le dieu du vent.

Pour les Mayas, le vent jouait un rôle important. On croyait que le vent pouvait pénétrer dans le corps humain et provoquer des maladies.

Cependant, le vent était également important pour la pluie, c'est pourquoi il est considéré comme le symbole du souffle de la vie.

Ik fait partie du calendrier maya, c'est le deuxième jour.

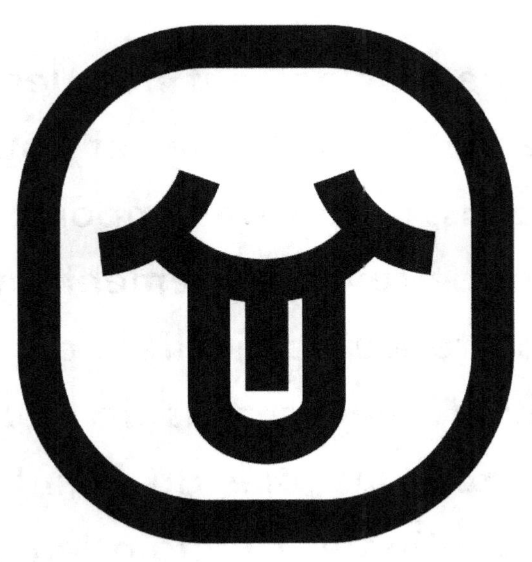

Ik

AKBAL

Akbal est également connu comme le père de la terre.
Il est le gardien des grottes ainsi que le gardien de l'aube.

Quand le jour devient nuit, les rêves deviennent plus faciles et pour les Mayas, c'était très important.
L'aube revêt également une importance particulière car on croyait que les gens de l'Aube étaient responsables du maintien de la tradition et du maintien des choses en place.

Akbal est également associé à l'abondance et à l'harmonie.
Akbal fait partie du calendrier maya, c'est le troisième jour.

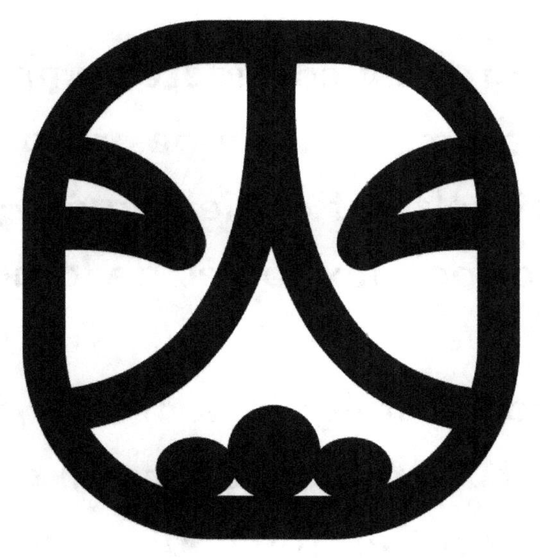

AKBAL

KAN

Le symbole Kan est associé à la fertilité et à l'abondance. Kan symbolise la récolte et la richesse dans ce contexte.

Le lézard est considéré comme un signe de maturation des récoltes et des rituels ont eu lieu en été pour faire appel aux forces de la nature.

Le lézard est également un symbole de la culture du maïs car il gagne lentement en force, de sorte que Kan est également connu sous le nom de grain.

Kan fait partie du calendrier maya, c'est le quatrième jour.

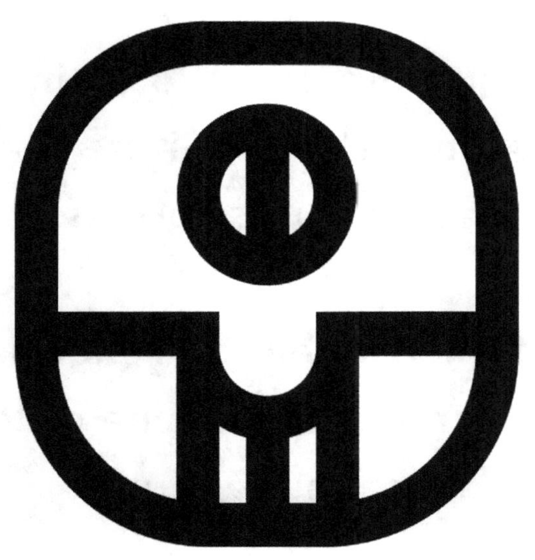

KAN

CHICCAN

Chiccan est le symbole du serpent.

Dans la culture maya, le serpent est associé à la divinité et aux visions.

C'est un symbole de la divinité du Serpent céleste qui prend de nombreuses formes.

C'est un symbole de l'énergie et du lien entre l'homme et les forces supérieures.

Chiccan fait partie du calendrier maya, c'est le cinquième jour.

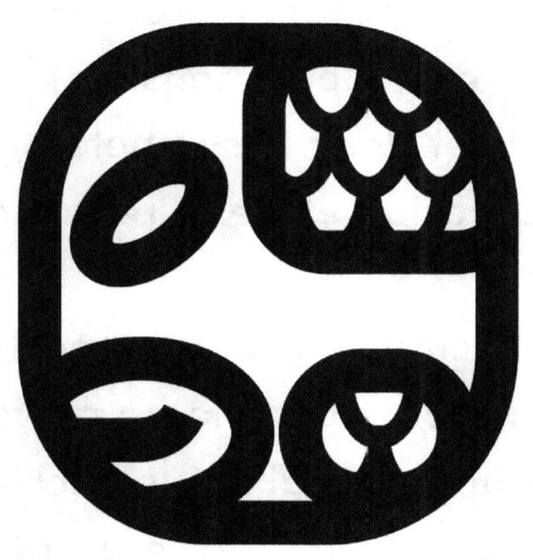

CHICCAN

KIMI

Le symbole Kimi, également connu sous le nom de Kame, est représentatif de la mort.

Kimi est la gardienne des ancêtres et de leurs conseils.
Kimi est donc le symbole de la réincarnation et de la renaissance.

Dans la culture maya, la mort était considérée comme un moyen d'atteindre la paix et la facilité, et Kimi en est une représentation.

Le symbole représente aussi l'harmonie et l'équilibre.

Kimi fait partie du calendrier maya, c'est le sixième jour.

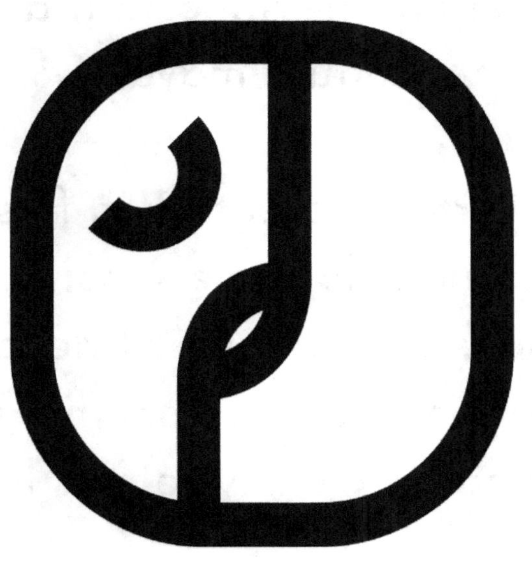

KIMI

MANIK

Manik est un symbole du dieu protecteur du cerf, Tohil.

Tohil est l'un des dieux de la chasse, qui joue un rôle important dans la culture maya.

Le cerf représente à la fois le chasseur et la proie, ainsi que le cycle sans fin de la vie et de la mort. Ils ne sont pas des ennemis, mais font partie d'un cycle plus large.

Les cerfs sont considérés comme sacrés pour la vie et ce que tous les êtres vivants doivent suivre.

Manik fait partie du calendrier maya, c'est le septième jour.

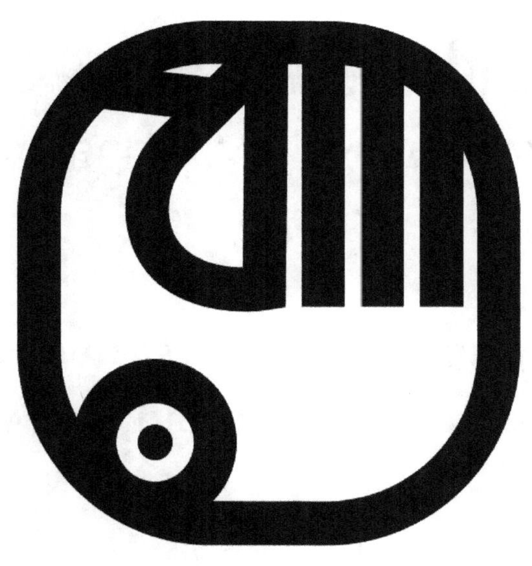

MANIK

LAMAT

Lamat, également connu sous le nom de Lapin, est un symbole de fertilité, d'abondance et le signe d'un nouveau départ.

Il s'agit de transformation et de reconnaissance des changements dans la vie.

Le symbole Lamat est aussi une représentation de la planète Vénus.

Dans la culture maya, la planète Vénus est associée à la vie, à la mort et à la renaissance.

Lamat fait partie du calendrier maya, c'est le huitième jour.

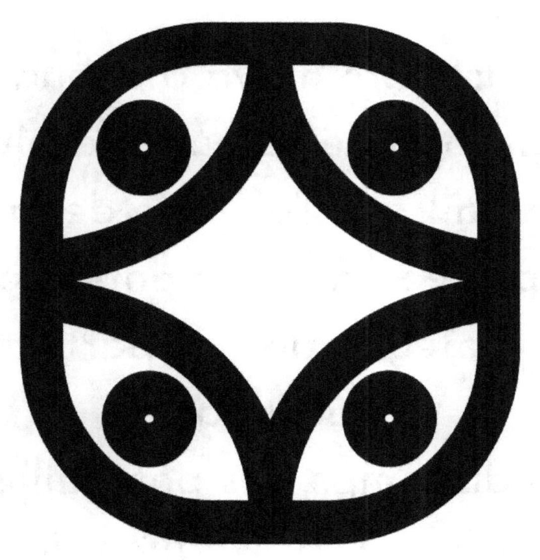

LAMAT

MULUK

Signe d'eau, Muluk représente les gouttes de pluie.
Son dieu protecteur est Chaak, un dieu de la pluie.

La culture maya attribuait beaucoup de valeur à la pluie.
On croyait que l'énergie de la pluie était placée dans des pots spéciaux et protégée par les partisans de Chaak.
Au fil du temps, ces pots jaillissent de l'énergie et provoquent la pluie.

Le jade était considérée comme un partenaire pour l'eau et comme une force vitale.
Le jade est un joyau tandis que l'eau est une force terrestre sacrée.

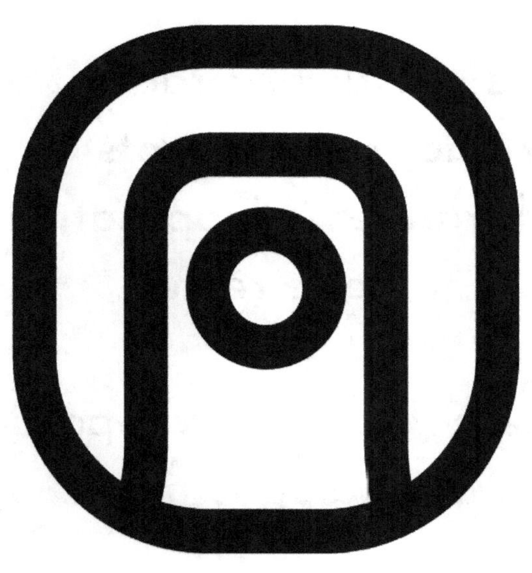

MULUK

<u>OK</u>

Le symbole Ok est représentatif
de la loi.
Cela englobe à la fois la loi
humaine et la loi divine.

Les Mayas accordaient de
l'importance aux concepts de justice
et d'ordre et à l'application de
cette règle.

Le symbole Ok fait partie
du zodiaque maya.

Ok fait également partie
du calendrier maya,
c'est le dixième jour.

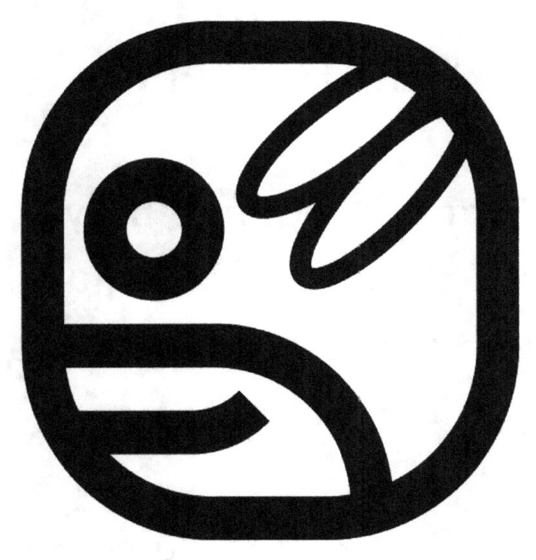

Ok

CHUWEN

Dans la culture maya, Chuwen est le dieu de la création.

Le symbole est représentatif de la vie, du destin et de l'infinité de la vie.

Dans la légende maya, Chuwen (également connu sous le nom de B'atz) a créé tout ce qui est connu sur terre.

Chuwen fait partie du calendrier maya, c'est le onzième jour.

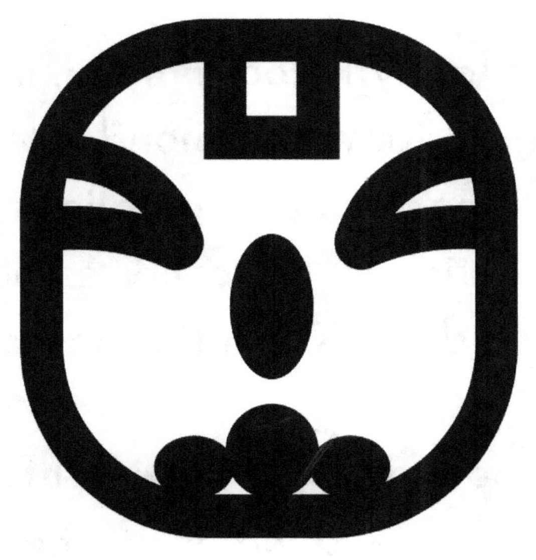

CHUWEN

EB

Eb représente un crâne.
Eb représente aussi Hun-Akhpu,
le saint patron des frères jumeaux
divins, Head-Apu and Xbalanque.

Dans la mythologie maya, il y a
une description du monde lors de
sa création et un escalier est
mentionné. L'escalier est la
pyramide du Ciel et de la Terre.

Le symbole d'Eb est représentatif de
la route de la vie et du chemin
parcouru par l'homme pour
atteindre la pyramide.
Elle est symbolique d'un ordre
général, et de l'unité.
Eb fait partie du calendrier maya,
c'est le douzième jour.

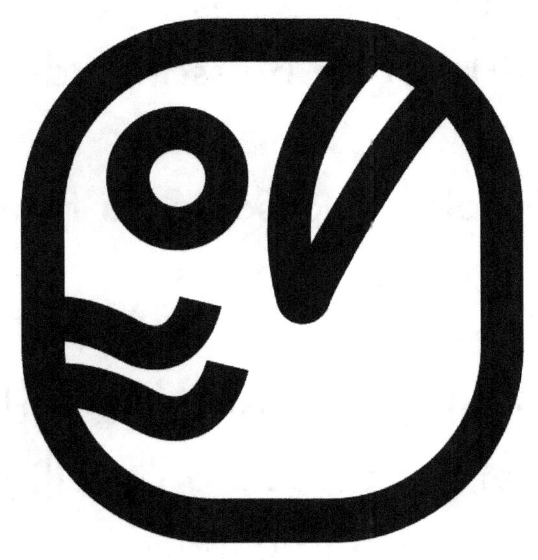

EB

B'EN

Le maïs était la plante de base
pour les Mayas.

Le maïs ou la plante de maïs étaient
considérés comme des tiges à la fois
de vertu et de puissance divine.

Le symbole est associé au triomphe
et au sens.

Il fait également partie du zodiaque
maya et est associé à l'intelligence
et à la chance.

B'en fait partie du calendrier maya,
c'est le treizième jour.

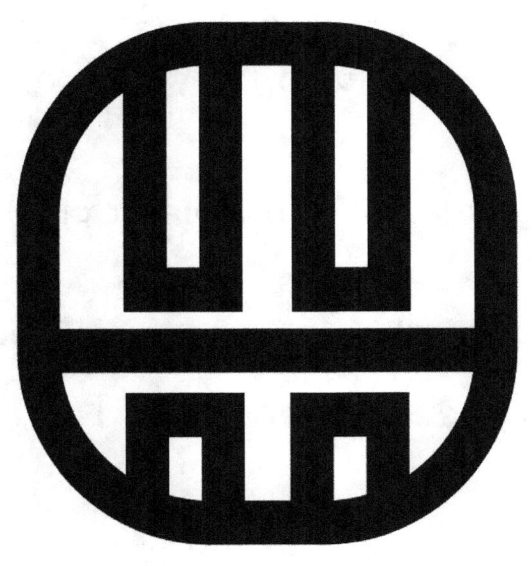

B'EN

IX

Le jaguar est un animal important
de la culture maya.

Le symbole Ix est associé à
la vitalité, à la sagesse et à
l'autel maya.

C'est un symbole sacré.

Il est considéré comme une divinité
sacrée présente sur Terre.

Ix fait partie du calendrier maya,
c'est le quatorzième jour.

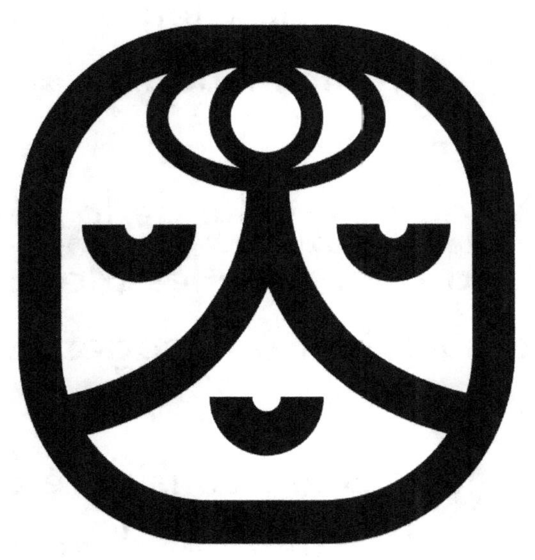

Ix

MEN

Symbole de l'aigle, Men est l'un des signes les plus puissants.

Il a uni le soleil et la lune, et son patron est le Dieu Soleil Kinich Ahau.

Son visage est celui de la déesse de la Lune, que les Mayas associaient à la sagesse.

Men est largement considéré comme un symbole d'unité et d'intégrité, et un équilibre entre masculin et féminin.

Men fait partie du calendrier maya, c'est le quinzième jour.

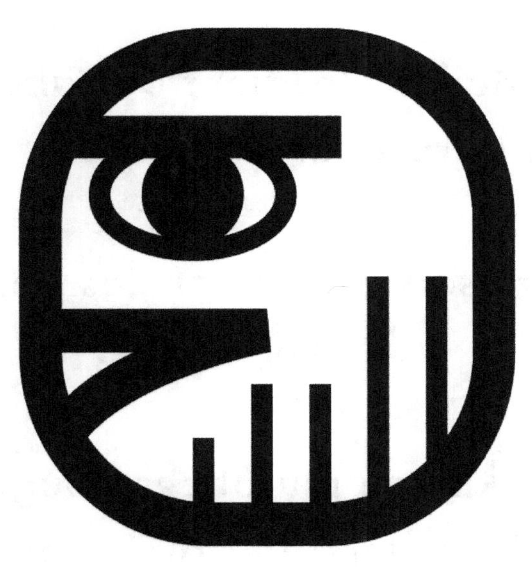

MEN

KIB

Signifiant "bougie", le symbole de Kib est représentatif de certains des aspects les plus quotidiens de la culture maya.

Les Mayas élevaient des abeilles sans dard pour le miel et la cire.

La cire servait à créer des bougies à l'odeur sucrée.

Les kib, ou plutôt ces bougies servaient alors à éclairer des lieux sacrés tels que des grottes et des temples ainsi que des palais.

Kib fait partie du calendrier maya, c'est le seizième jour.

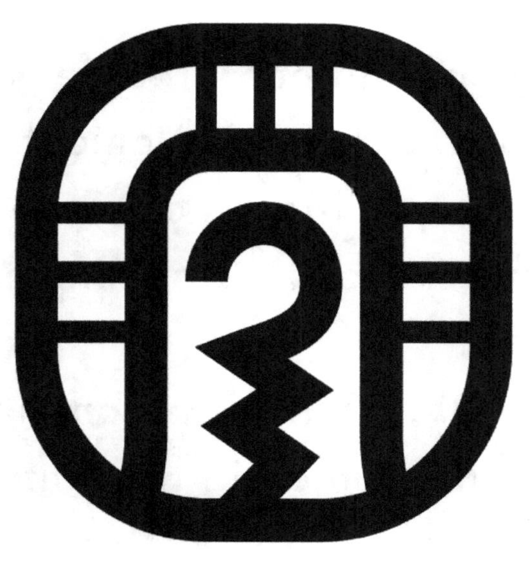

KIB

KABAN

En raison du terrain autour des habitations mayas, la terre elle-même était un élément important auquel Kaban est connecté.

La région était entourée de volcans et sujette aux tremblements de terre, et les Mayas ont reconnu l'imprévisibilité des éléments.

Kaban était considéré comme une représentation de la force littérale que possède la terre ainsi que des forces humaines.

Kaban signifie aussi connaissance et c'est le dix-septième jour du calendrier maya.

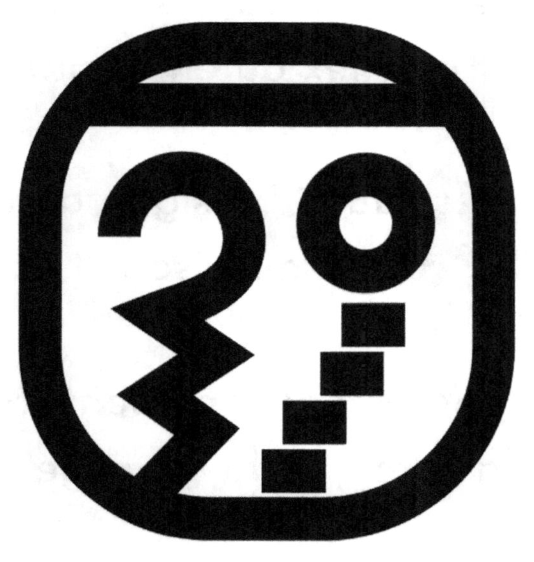

KABAN

ETZNAB

Le silex était une partie importante de la vie maya et l'Etznab en est représentatif.

Sans métaux, les lames et les outils étaient en silex ou en obsidienne.

Etznab est aussi un signe de grâce et de guérison.

Il est également représentatif de la force et du courage.

Le silex fait partie du calendrier maya, c'est le dix-huitième jour.

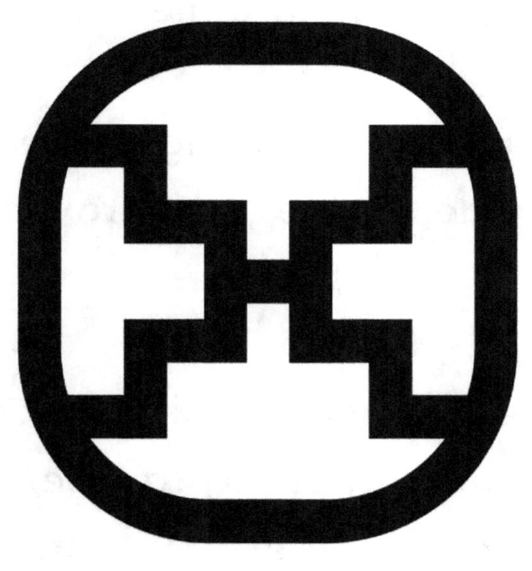

ETZNAB

KAWAK

Kawak est un symbole du tonnerre.

Dans la culture maya, on croyait que la foudre se produisait à cause du dieu de la pluie Chaak.

S'il frappait les nuages avec sa hache de foudre, cela provoquait les orages.

Il est également considéré comme une journée pour la famille, pour la communauté et pour entretenir les relations de groupe.

Kawak fait partie du calendrier maya, c'est le dix-neuvième jour.

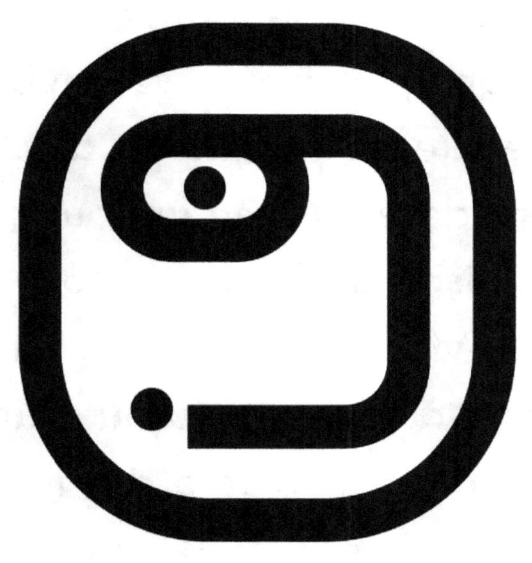

KAWAK

AHAU

Ahau est le jour du dieu du soleil, Kinich Ahau.

La civilisation maya comprenait des cités-états indépendantes, chacune ayant son propre seigneur. Ahau est le jour dédié au dieu soleil et considéré comme un jour sacré. En raison de la façon dont les Mayas vivaient, Ahau n'était pas limité à un individu ou à une divinité, mais associé à des individus basés sur la cité-état.

Ahau a également exercé des fonctions religieuses, ce qui en fait un membre de la prêtrise maya. Ahau fait partie du calendrier maya, c'est le vingtième jour.

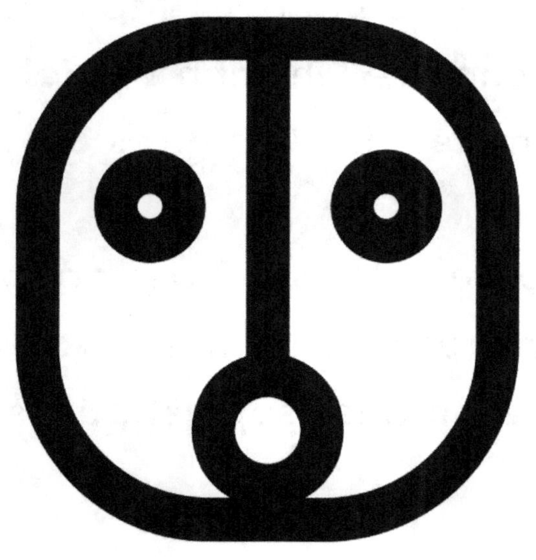

AHAU

MONDE MAYA

Les édifices mayas sont des
monuments dédiés à
leur perception du monde.

Il y avait Tulum avec Mayapan, le
légendaire Chichen Itza et les
pyramides de 70 mètres de Tikal.

Toute cette splendeur a été
construite sans l'utilisation de
techniques sophistiquées.

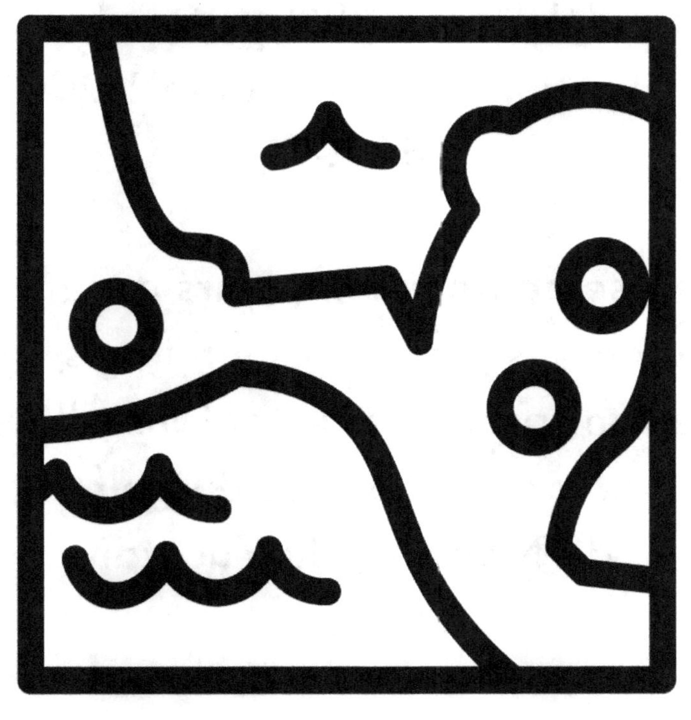

MONDE MAYA

MONDE MAYA

Le monde maya est le territoire de la civilisation maya.

Le début de la formation de la civilisation maya remonte à 2000 av. J.-C.

Vraisemblablement, leurs ancêtres étaient les tribus mésolithiques, qui se sont progressivement installées le long de la côte du golfe du Mexique, du Yucatan à Tampico.

Au fur et à mesure que la colonie se développait, le commerce se développait aussi, les temples poussaient sur la côte du golfe du Mexique et l'écriture apparaissait.

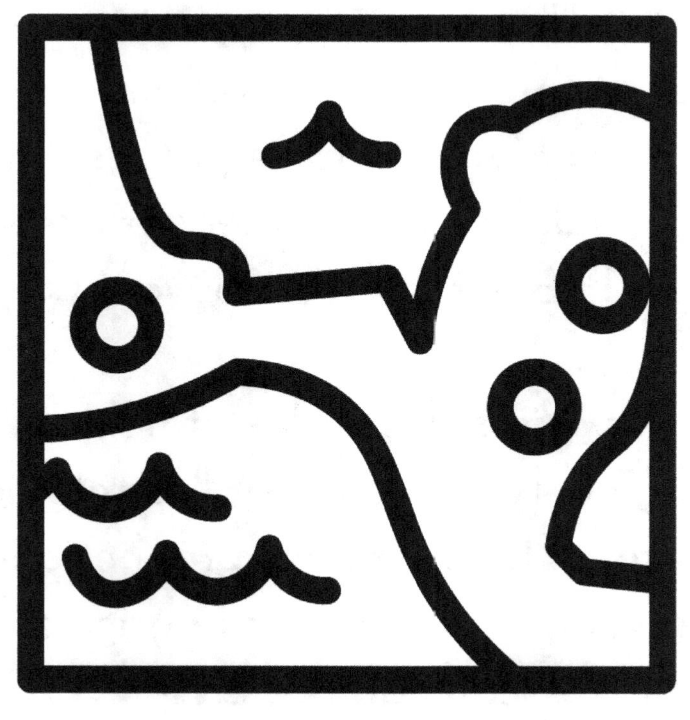

MONDE MAYA

CODEX MAYA

Les codex mayas sont des manuscrits idéographiques du peuple maya.

Aujourd'hui, les codex ayant survécu l'épreuve du temps sont généralement marqués par les noms des villes des bibliothèques dans lesquelles ils se trouvent.

Les sujets des codex étaient la religion, l'astronomie et l'astrologie, l'histoire, les pratiques prophétiques et divinatoires, les cycles agricoles et calendaires, etc.

Avec leur aide, les prêtres interprétaient les phénomènes de la nature et les actions des forces divines et exécutaient des rites religieux.

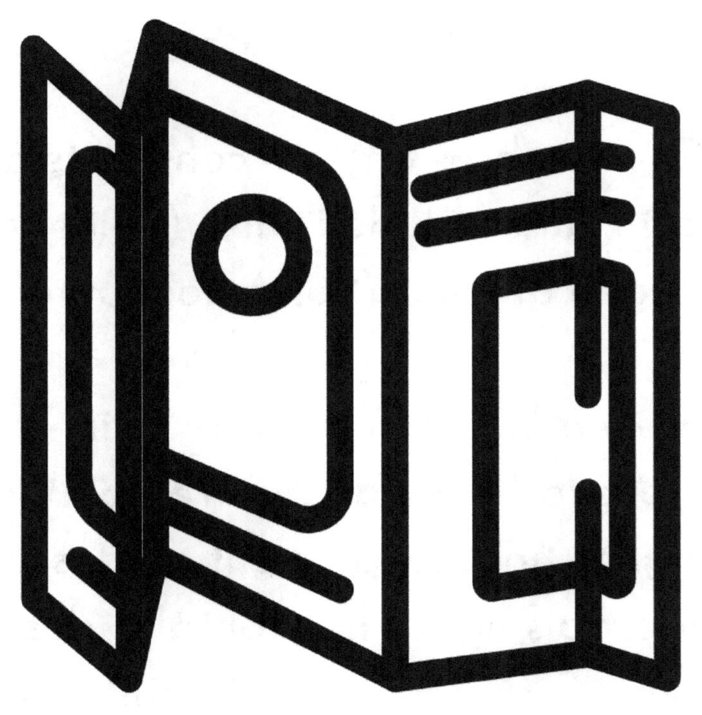

CODEX MAYA

NOMBRES MAYAS

quintuple.
Les nombres mayas se composaient de zéro (signe de coquille) et de 19 nombres composés.

Ces nombres ont été construits à partir du signe de l'unité (point) et du signe du cinq (barre horizontale).

Par exemple, le nombre 19 était écrit sous la forme de quatre points alignés horizontalement au-dessus de trois lignes horizontales des divinités du jour et de la nuit, bien que l'on ne sache pas quelles sont leur représentation éxacte.

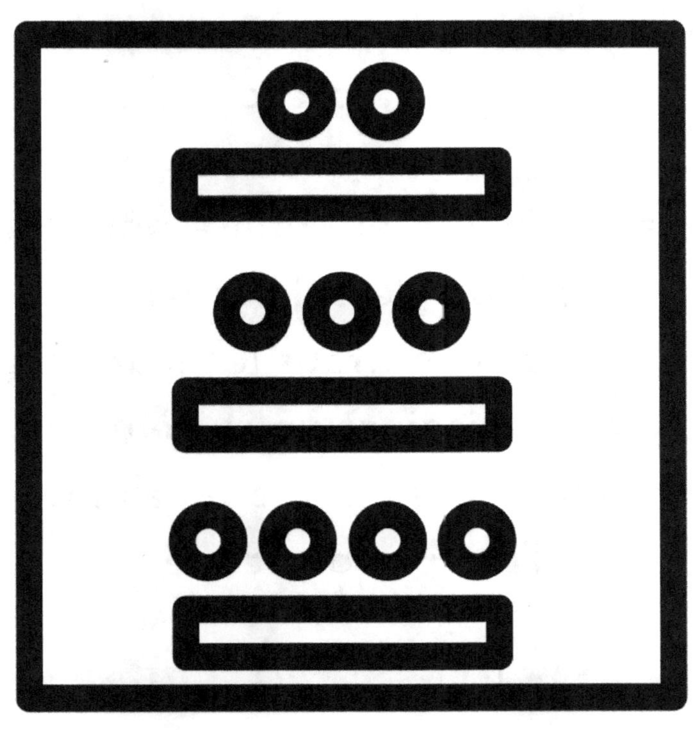

NOMBRES MAYAS

NOMBRES MAYAS

Les nombres mayas sont la notation des nombres basée sur le système de numération positionnel utilisé par la civilisation maya en Mésoamérique précolombienne.

Ce système a été utilisé pour les calculs de calendrier.
Dans la vie de tous les jours, les Mayas utilisaient un système non positionnel similaire à celui de l'Égypte ancienne.

Les nombres mayas eux-mêmes donnent une idée de ce système, qui peut être interprété comme l'enregistrement des 19 premiers nombres naturels dans un système de nombres non positionnel

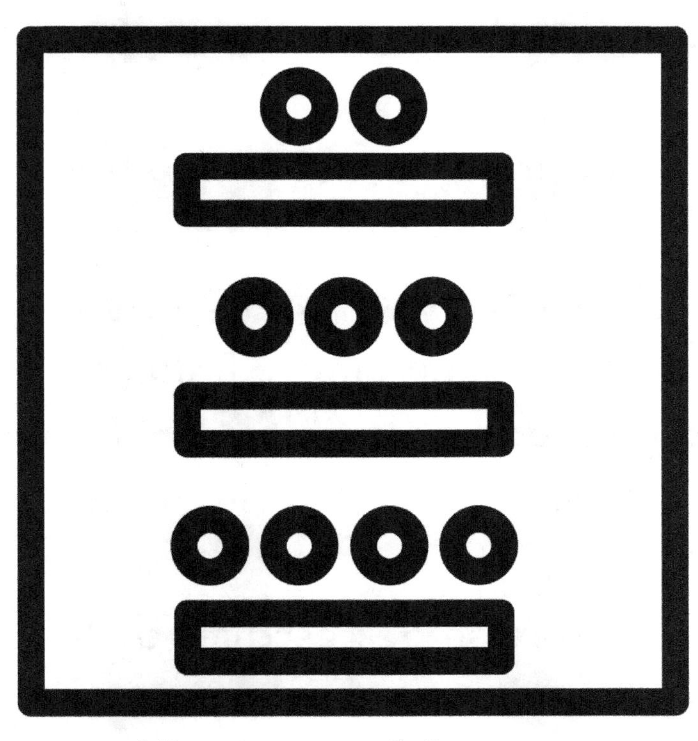

Nombres Mayas

TEMPLO DE KUKULKÁN

La pyramide a été construite approximativement entre le XIe et le XIIIe siècle et était dédiée au dieu Kukulkan (serpent à plumes).

Au printemps (20 mars) et à l'équinoxe d'automne (21 septembre), les pyramides projettent une ombre le long d'un escalier qui ressemble à un serpent rampant sur le côté du bâtiment.

À la base de l'escalier de la pyramide se trouve une tête de serpent en pierre.

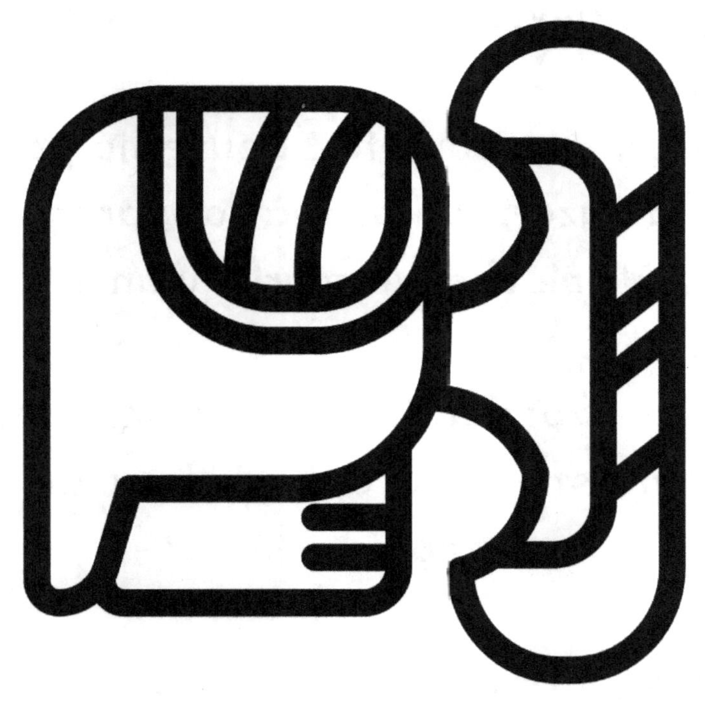

MAISON DES RASOIRS

MAISON DE XIBALBÁ (4)

La Maison des Chauves-Souris de Xibalbá est la quatrième maison de Xibalbá et était remplie de chauves-souris dangereuses.

Cette maison était gouverné par Camazotz, un dieu à l'apparence d'une chauve-souris géante.

Camazotz était décrit comme une énorme chauve-souris avec un couteau sur le nez.

Un habitant de Xibalbá, a rencontré les héros jumeaux Hunahpú et Xbalanque lors de leur calvaire à la Maison des chauves-souris, où il a coupé la tête de l'un d'eux.

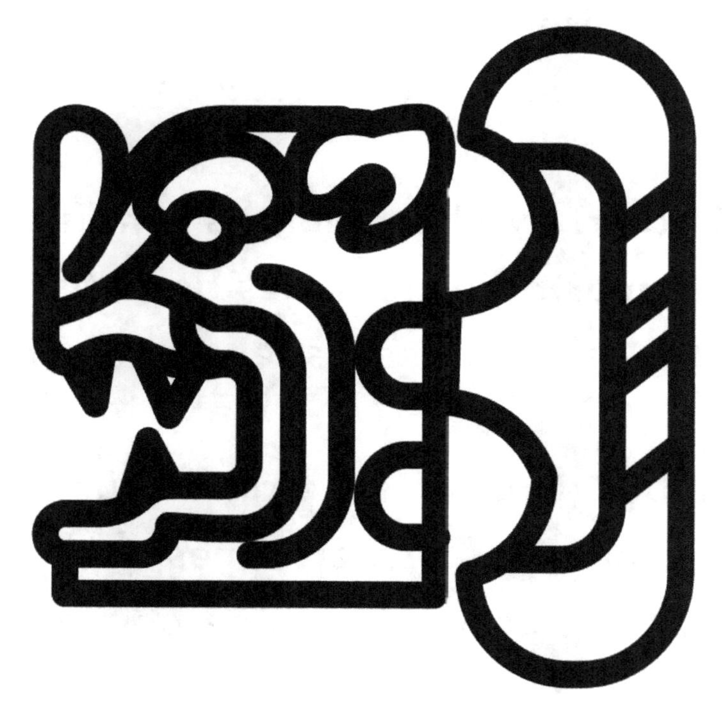

MAISON DES CHAUVES-SOURIS

MAISON DE XIBALBÁ (3)

La Maison du Jaguar est la troisième maison de Xibalbá.

La Maison du Jaguar était remplie de jaguars affamés.

Xibalbá avait au moins six maisons meurtrières remplies de défis pour les visiteurs.

Le but de ces tests était de tuer ou d'humilier les personnes qui y étaient placées si elles ne pouvaient pas déjouer le test.

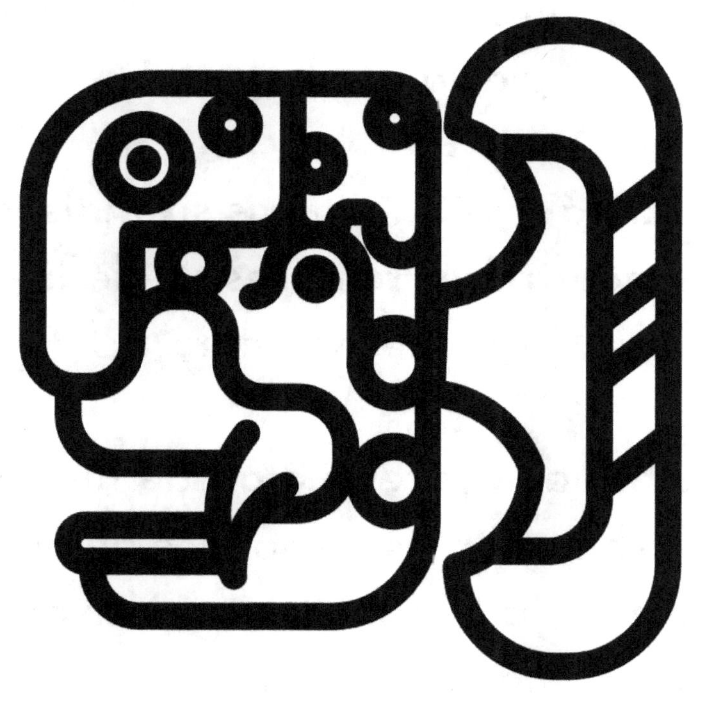

MAISON DU JAGUAR

MAISON DE XIBALBÁ (2)

La Maison du Froid est la deuxième maison de Xibalbá.

C'était une maison pleine de froid glacial et de grêle.

Xibalbá avait au moins six maisons meurtrières remplies de défis pour les visiteurs.

Le but de ces tests était de tuer ou d'humilier les personnes qui y étaient placées si elles ne pouvaient pas déjouer le test.

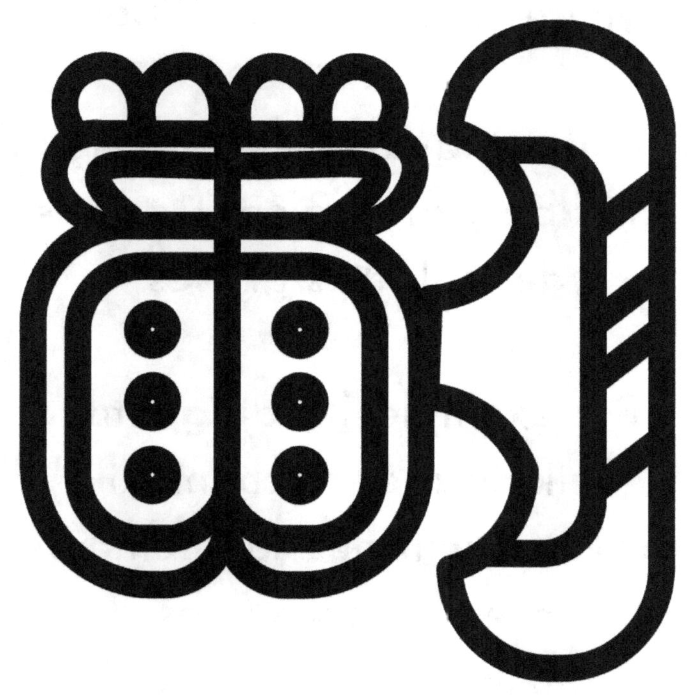

MAISON DU FROID

MAISON DE XIBALBÁ (1)

La Maison Sombre est la première maison de Xibalbá .

Dans cette maison se trouvaient les divinités suprêmes de Xibalbá.

Selon les Mayas, les seigneurs de Xibalbá y affligaient les gens de maladies graves.

Par exemple, les dirigeants Shikiripat et Kuchumakik provoquaient des saignements chez les personnes.
Ah-Alpukh et Ah-Alkana provoquaient la jaunisse (Chukanal).
Sikh et Pathan provoquaient des saignements de la gorge avec des conséquences fatales chez les voyageurs.

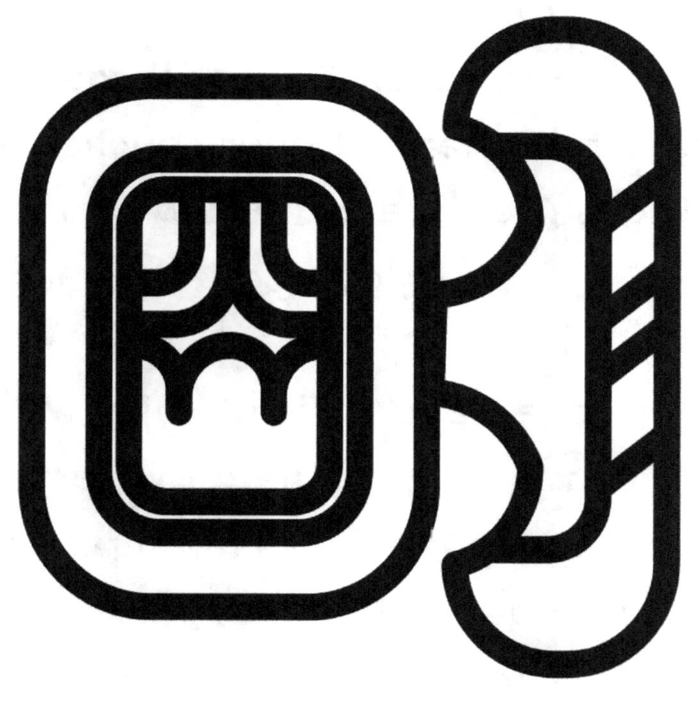

MAISON SOMBRE

XIBALBÁ

Xibalbá est le monde souterrain, ainsi que la désignation des dieux des enfers dans la mythologie maya.

Xibalbá semblait être multicouche, très probablement neuf couches ou étages ; l'entrée étant à la surface de la terre.

L'épopée de la Quiché Popol Vuh a conservé le mythe du voyage des jumeaux divins Hunahpú et Xbalanque à Xibalba, où ils ont vaincu ses maîtres et libéré leur père et leur oncle.

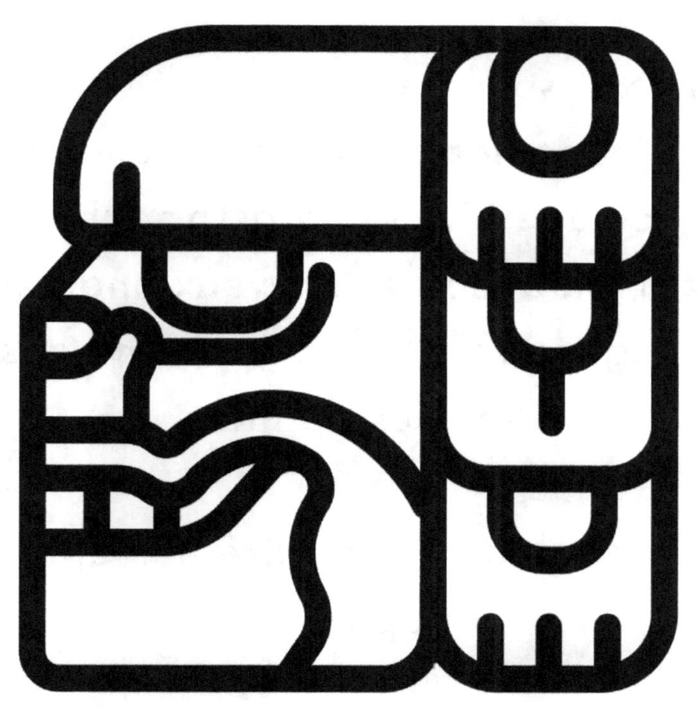

XIBALBÁ

<u>YUM KAAX</u>

Yum Kaax ("Seigneur des forêts") est le jeune dieu du maïs, également connu sous le nom de Yum-Viila.

Il était souvent représenté comme un jeune homme ou un adolescent avec une tête se transformant en épi, ou avec des cheveux ondulés peignés vers le haut, comme des feuilles de maïs.

Son culte était extrêmement populaire.

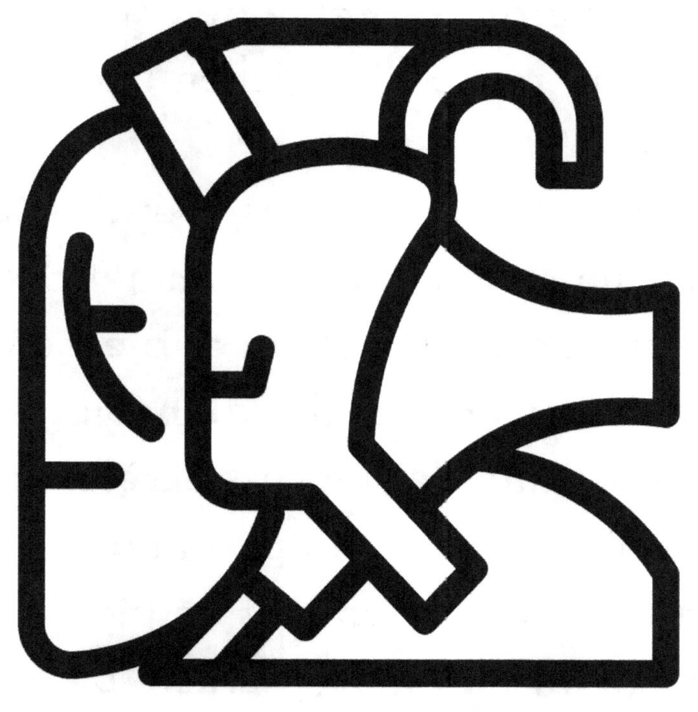

YUM KAAX

TRÔNE DU JAGUAR

Le trône du Jaguar est un trône
de pierre en forme de jaguar,
symbole de pouvoir et trône
du souverain suprême de l'ancienne
cité maya de Chichen Itza.

Dans les temps anciens, il était situé
dans un sanctuaire au sommet de la
pyramide de Kukulkan et a ensuite
été découvert par des archéologues
dans l'une des pièces secrètes à
l'intérieur de la pyramide.
Le trône du Jaguar est en pierre et
peint en rouge, incrusté de
coquillages et de jade noir-vert.
Les taches sur la peau du jaguar
sont imitées par soixante-treize
disques de jade. Les yeux de la bête
sont également en jade.

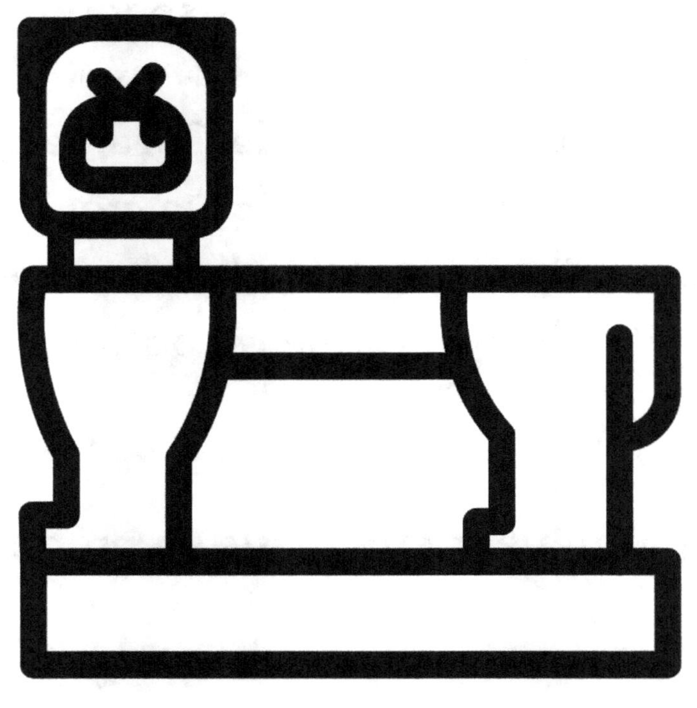

TRÔNE DU JAGUAR

TEEL KUSAM

Teel Kusam est l'oracle de la mythologie Maya.

Selon le chroniqueur espagnol Gomara (XVIe siècle), il y avait un sanctuaire sur l'île de Cozumel, où se trouvait une statue creuse en argile de Teel-Kusam avec des jambes en forme de pattes d'hirondelle.

À l'intérieur était assis un prêtre qui faisait des prédictions.

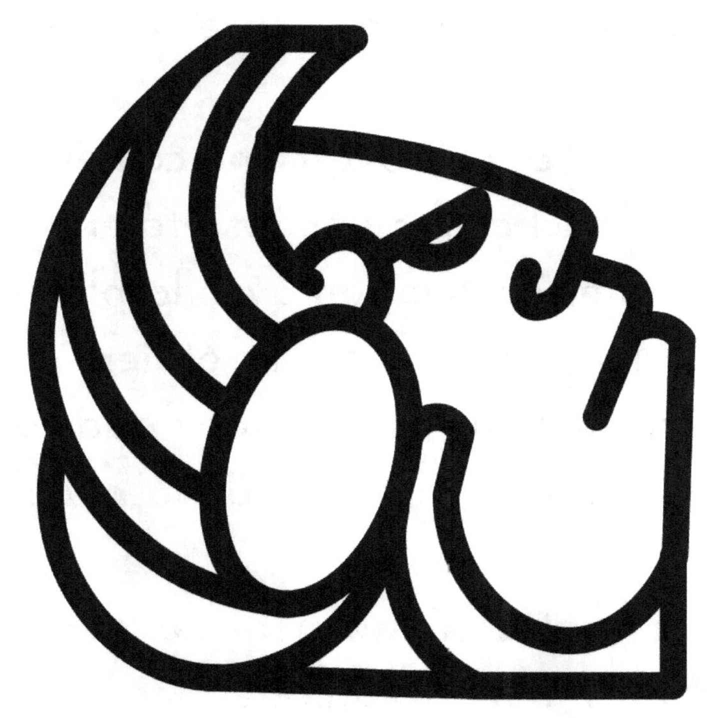

TEEL KUSAM

CAN TZICNAL - NORD BACAB

Can Tzicnal est l'un des dieux Bacab. Chaque Bacab dirigeait l'un des points cardinaux et son porteur associé avait sa propre couleur.

Nord Bacab avait une couleur blanche. Les bacabs étaient invoqués en relation avec la pluie et l'agriculture, car ils étaient étroitement associés aux quatre Chaaks, ou divinités de la pluie.

En raison également de leurs qualités météorologiques, les bacabs jouaient un rôle important dans les cérémonies divinatoires. "Quatre dieux, quatre bacabs" étaient souvent utilisés dans les rituels de guérison.

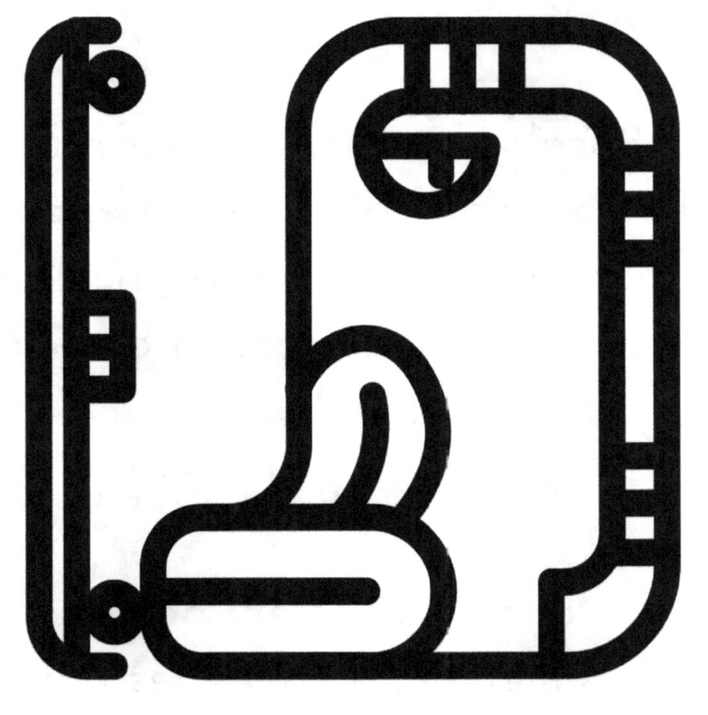

CAN TZICNAL - NORD BACAB

HOBNIL - EST BACAB

Hobnil est l'un des dieux Bacab. Chaque Bacab dirigeait l'un des points cardinaux et son porteur associé avait sa propre couleur.

Est Bacab avait une couleur rouge. Les bacabs étaient invoqués en relation avec la pluie et l'agriculture, car ils étaient étroitement associés aux quatre Chaaks, ou divinités de la pluie.

En raison également de leurs qualités météorologiques, les bacabs jouaient un rôle important dans les cérémonies divinatoires. "Quatre dieux, quatre bacabs" étaient souvent utilisés dans les rituels de guérison.

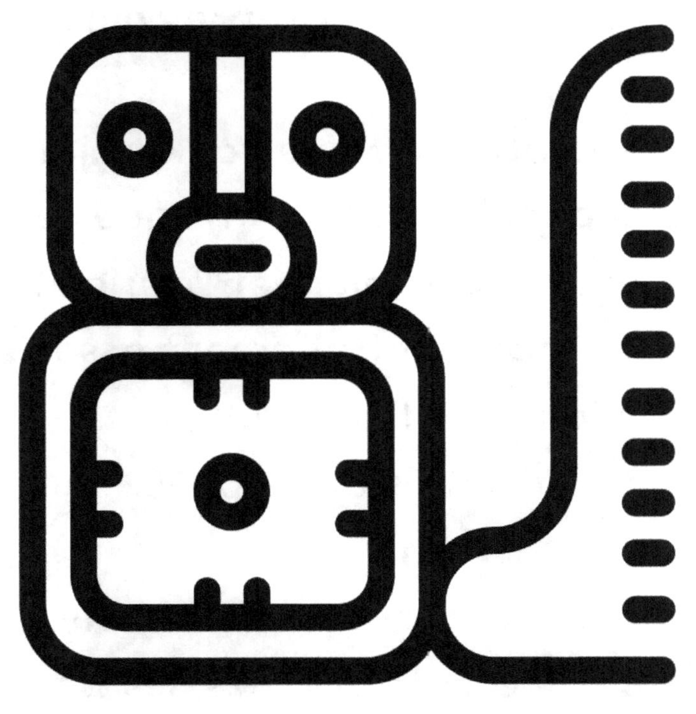

Hobnil - Est Bacab

HAZONEK - SUD BACAB

Hazonek est l'un des dieux Bacab. Chaque Bacab dirigeait l'un des points cardinaux et son porteur associé avait sa propre couleur.

Sud Bacab avait une couleur jaune. Les bacabs étaient invoqués en relation avec la pluie et l'agriculture, car ils étaient étroitement associés aux quatre Chaaks, ou divinités de la pluie.

En raison également de leurs qualités météorologiques, les bacabs jouaient un rôle important dans les cérémonies divinatoires. "Quatre dieux, quatre bacabs" étaient souvent utilisés dans les rituels de guérison.

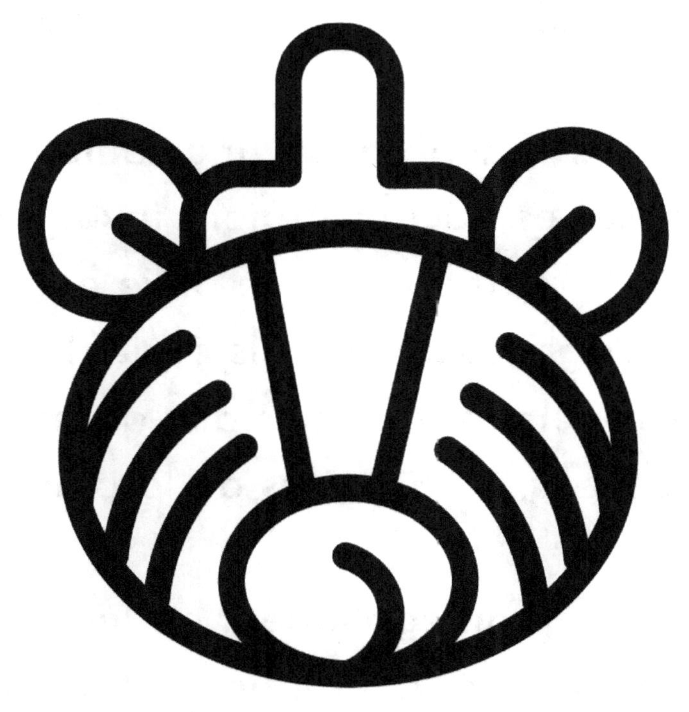

HAZONEK - SUD BACAB

ZAC CIMI - OUEST BACAB

Zac Cimi est l'un des dieux Bacab. Chaque Bacab dirigeait l'un des points cardinaux et son porteur associé avait sa propre couleur.

Ouest Bacab avait une couleur noire. Les bacabs étaient invoqués en relation avec la pluie et l'agriculture, car ils étaient étroitement associés aux quatre Chaaks, ou divinités de la pluie.

En raison également de leurs qualités météorologiques, les bacabs jouaient un rôle important dans les cérémonies divinatoires. "Quatre dieux, quatre bacabs" étaient souvent utilisés dans les rituels de guérison.

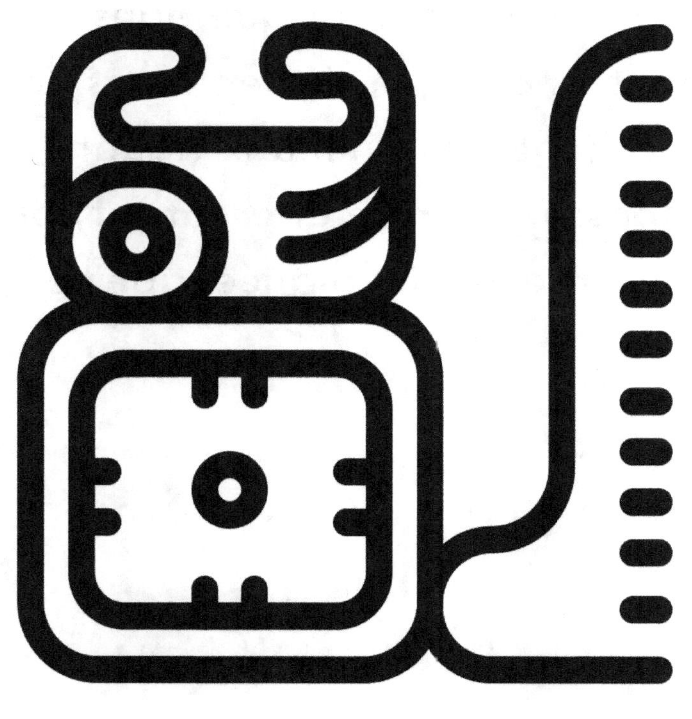

ZAC CIMI - OUEST BACAB

BACABS

Les Bacabs avaient une apparence anthropomorphe, mais un certain nombre d'images et de sources écrites suggèrent que dans les temps anciens, ils étaient considérés comme des animaux (iguane, opossum, tortue et escargot) ou des insectes (araignée, abeilles).

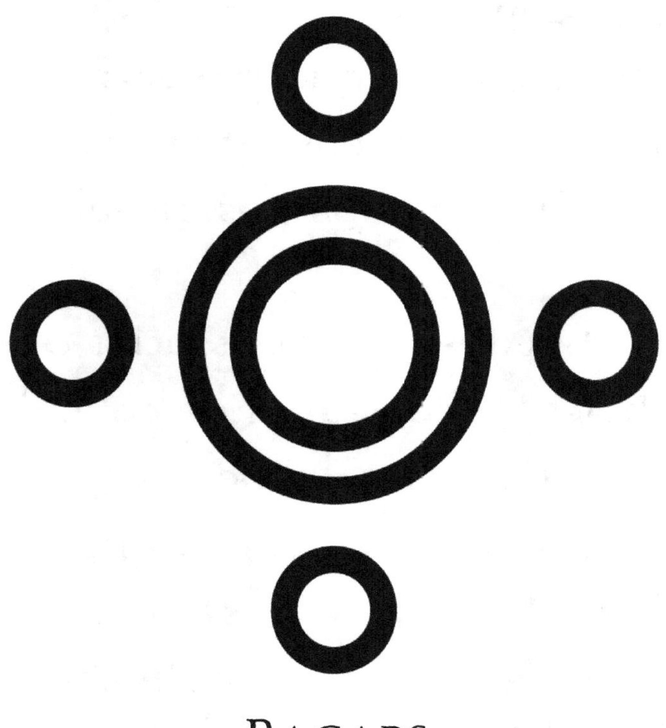

BACABS

BACABS

Les Bacabs sont des dieux dans la mythologie Maya.
Ce sont les frères Hobnil, Hazonek, Zac Cimi et Can Tzicnal, qui se tiennent aux quatre coins de l'univers et soutiennent le ciel pour qu'il ne tombe pas au sol.

Les bacabs étaient associés aux symboles de couleur et de calendrier des pays du monde.
Par conséquent, Hobnil était associé à l'est et au rouge et était le saint patron des années à partir du jour de Kahn ; Can Tzicnal - avec les années nord, blanches et muluk ; Zak Cimi - avec l'ouest, le noir et les années Predators ; Hazonek - avec les années sud, jaune et Kawak.

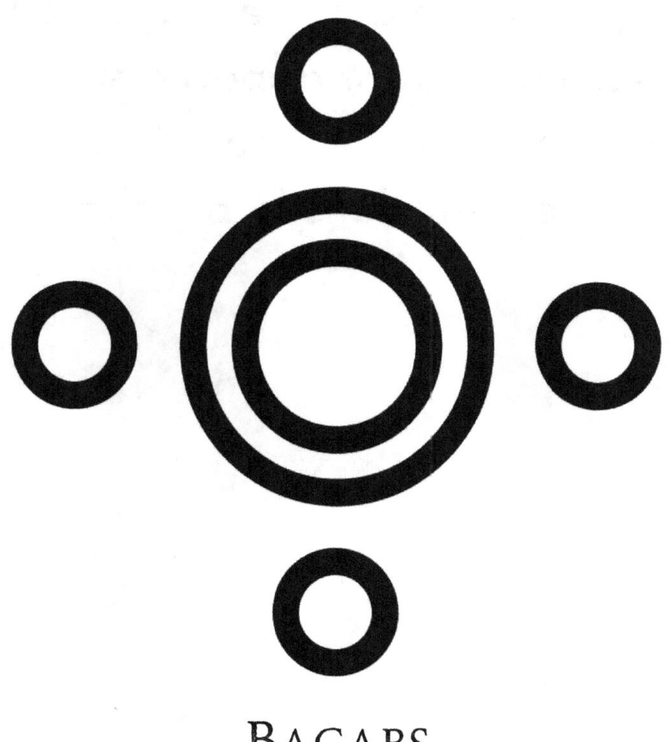

BACABS

ITZAMNA

tenaient la terre et le firmament sur leur tête et leur queue.

La principale divinité maya dans ses images est apparue sous la forme d'un vieil homme avec une dent dans la bouche.

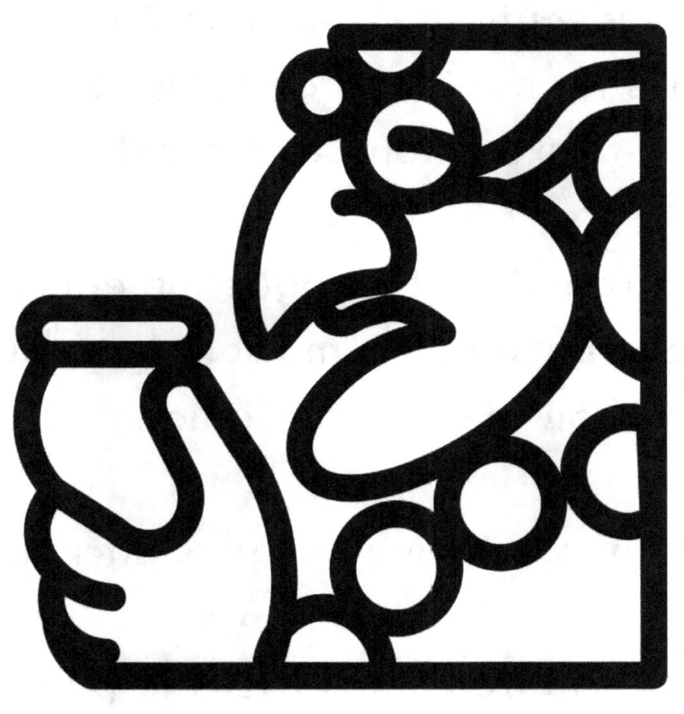

ITZAMNA

ITZAMNA

Itzamna est l'une des principales divinités des Mayas, du moins, le culte de cette divinité était vénéré dans toute la civilisation maya, et tous les habitants de l'empire, sans exception, l'adoraient.

Traduit de la langue indienne, Itzamna signifie "maison de lézard" ou "maison de l'iguane".

Itzamna est l'une des plus anciennes divinités mayas. Son histoire commence à la période de vénération des animaux totémiques, lorsque, selon les légendes, les principaux dieux mayas n'étaient pas encore nés et que les lézards, animaux sacrés mayas,

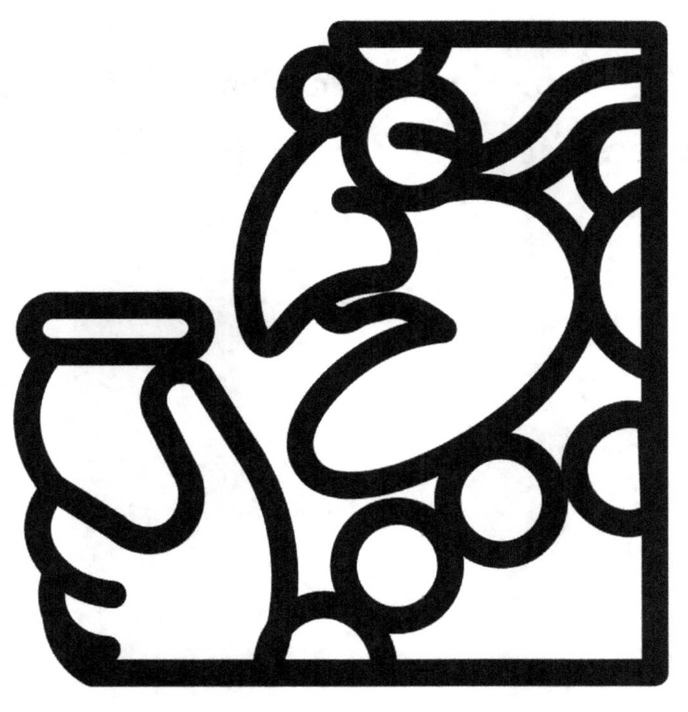

ITZAMNA

K'AWILL

Une caractéristique de l'image de K'awiil était sa jambe, qui ressemblait toujours à un serpent.

Le dieu K'awiil ressemble à une créature avec un visage déformé et un gros nez.

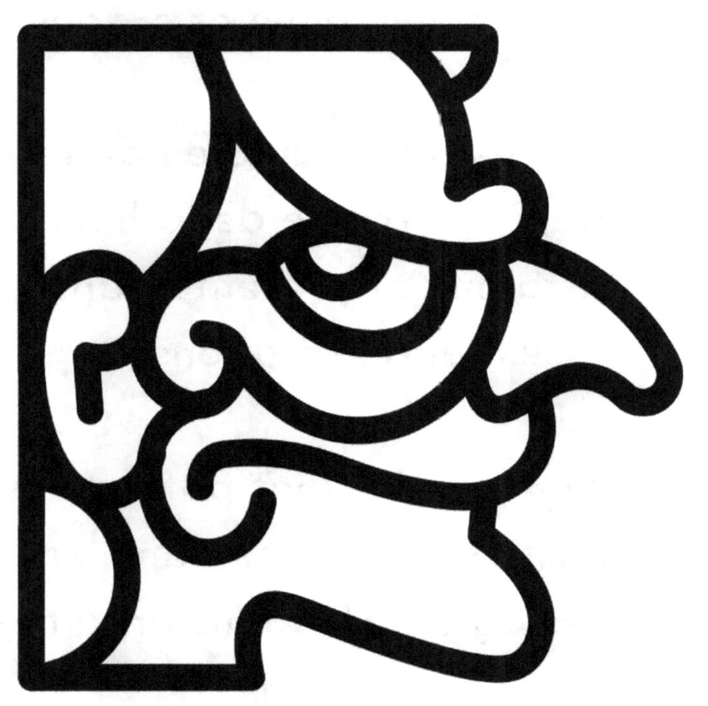

K'AWIIL

K'AWILL

K'awiil est l'un des dieux suprêmes des anciens Mayas. Il avait pouvoir sur divers éléments : tremblements de terre, grêle, pluie et orages.

K'awiil est aussi un dieu de la guerre, avec l'arme de la hache constamment présente dans ses représentations.

Ce dieu était le saint patron des dynasties régnantes dans les grandes agglomérations urbaines des Mayas.

Certains des dirigeants de la civilisation portaient le nom de K'awiil.

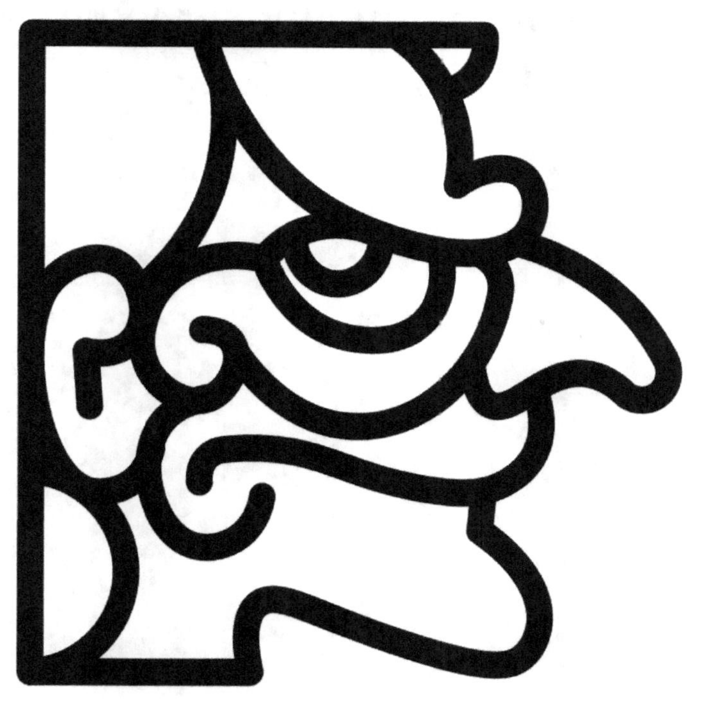

K'AWIIL

KINICH AHAU

carrée ou ovale, avec seulement des
incisives dans la bouche et des
tatouages en forme de spirale,
le hiéroglyphe du jour sur le nez et
dans les coins de la bouche.

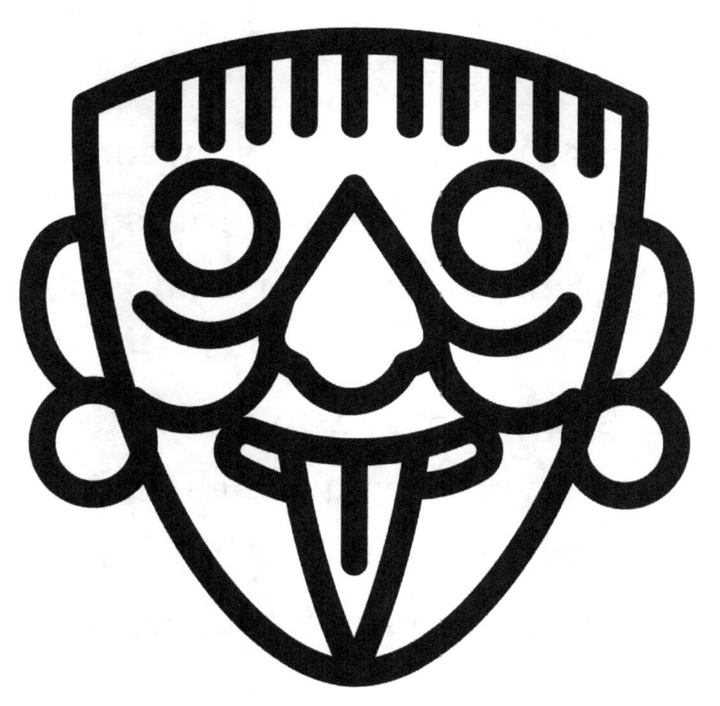

KINICH AHAU

KINICH AHAU

Kinich Ahau est le dieu du soleil, de la lumière du soleil, de la chaleur et de la vie.
Il était parfois associé à Itzamna.

Le soleil jouait un rôle important dans la vie des habitants du continent américain.

Les dieux mayas avaient des symboles uniques ;
le symbole de Kinich Ahau est une fleur à quatre feuilles.

Les divinités mayas avaient leurs propres attributs ;
Kinich Ahau est apparu sur les images comme une personne aux yeux d'une forme inhabituelle,

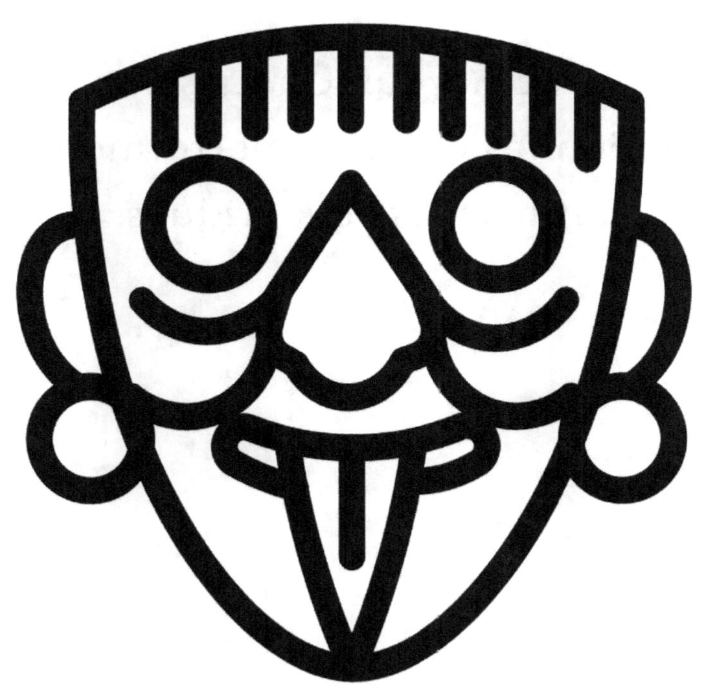

KINICH AHAU

CHAAC

et aux différents symboles de couleur : est - rouge, nord - blanc, ouest - noir, sud - jaune).

De nombreux Chaacs sont mentionnés dans les performances et mythes folkloriques.

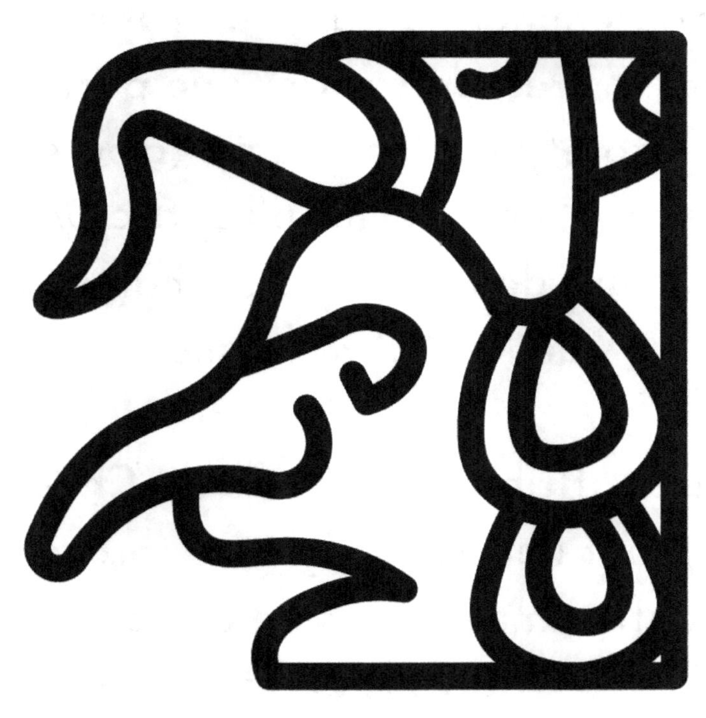

CHAAC

CHAAC

Chaac ("hache") est le dieu de la pluie et de la foudre.
À l'origine, Chaac était apparemment un dieu de l'abattage des arbres, défrichant une parcelle de forêt pour un champ (d'où son nom), mais devint plus tard une divinité de la pluie, des champs et de la culture du maïs.

Les attributs habituels de Chaac sont une hache ou une torche enflammée (symbole des arbres abattus en feu).

Chaac a été pensé à la fois au singulier et au pluriel.
En effet, Chaac ést associé aux quatre points cardinaux

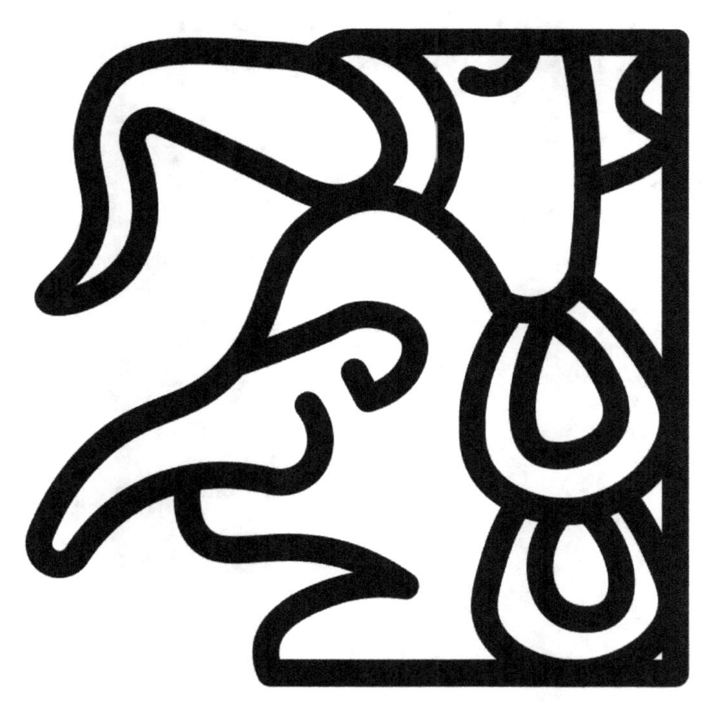

CHAAC

HUNAB KU

Il n'avait pas de forme parce que les messagers disaient qu'il ne pouvait pas être représenté car il était incorporel.

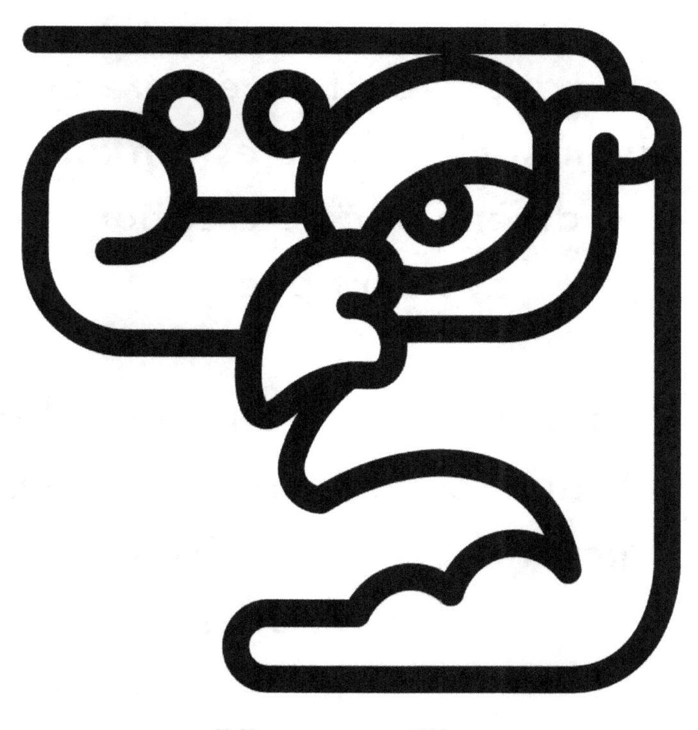

HUNAB KU

<u>HUNAB KU</u>

Hunab Ku est un dieu précolombien dont le nom se traduit par "le seul Dieu" ou "le Dieu unique".

Les érudits débattent encore pour savoir si Hunab Ku est un dieu indigène ou une création des Espagnols.

Le nom Hunab Ku était utilisé dans les textes coloniaux et doctrinaux notamment pour désigner le Dieu chrétien.

Hunab Ku est défini comme "le seul vivant" et vrai dieu, et le plus grand des dieux des habitants du Yucatan.

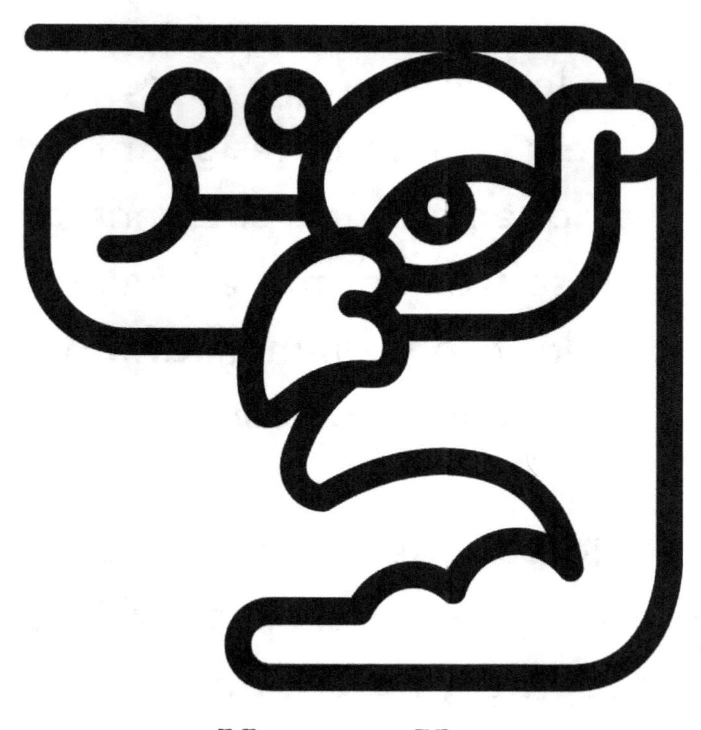

HUNAB KU

WAYOB

Wayob est un chemin de mot pluriel (uay) ou un mot maya dont le sens de base est "dormir".

Pour les Mayas du Yucatèque, c'est un terme désignant spécifiquement une personne qui peut se transformer en animal pendant son sommeil, afin de causer du tort.

Dans la période maya classique, le sens du mot a commencé à désigner les esprits gardiens de l'homme.

Chaque personne avait son propre wayob sous la forme d'un animal, qui guide et aide cette personne tout au long de la vie.

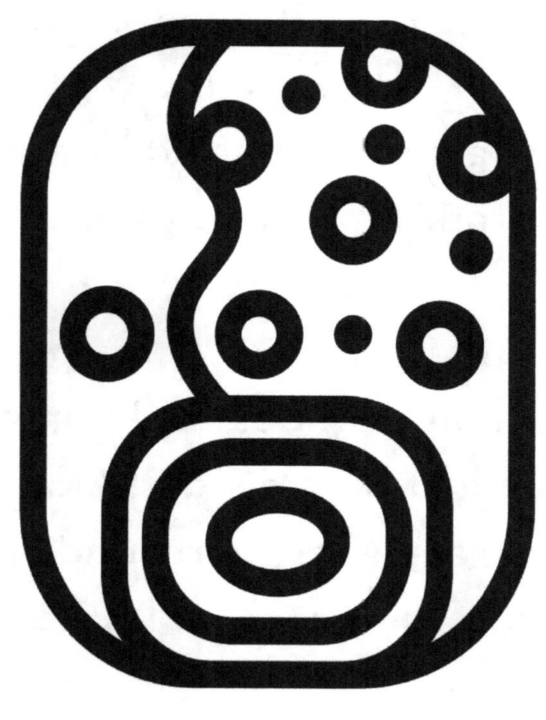

WAYOB

EK CHUAH

Ek Chuah ("étoile noire") - était le dieu des marchands.
Comme tout marchand, il avait un sac à dos avec des marchandises derrière lui.
Puis il est devenu le saint patron des propriétaires de plantations de cacao.

En son honneur, des cérémonies ont eu lieu au mois de Muan.
Le lien entre les marchands et le cacao est direct - à l'époque, les fèves de cacao étaient une monnaie universelle.

Il était représenté avec des lèvres épaisses, soulignées autour d'une peinture rouge terne.

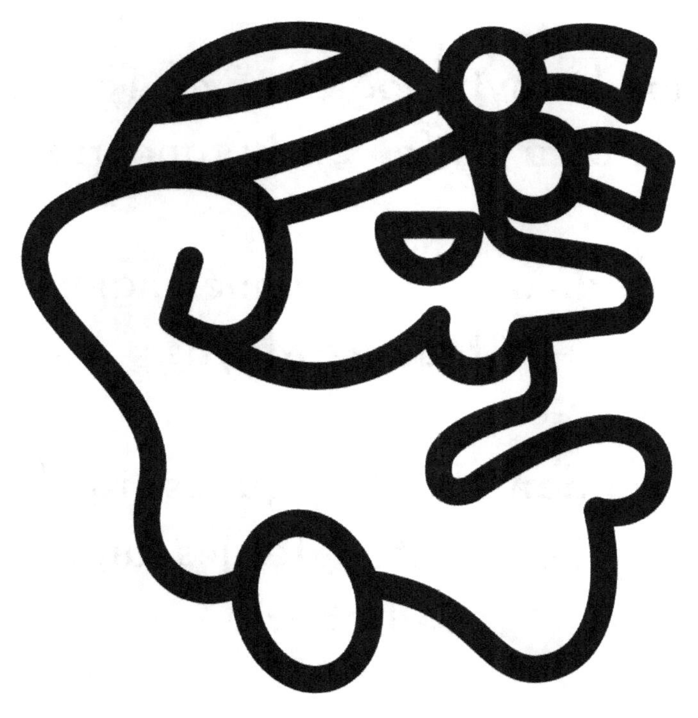

EK CHUAH

TOHIL

Tohil est une divinité des Mayas
K'iche' de la période post-classique
tardive de la Méso-Amérique.

Selon la mythologie Maya, Tohil est
le dieu du feu et du tonnerre.

Le dieu Tohil a donné chaleur
et feu aux Mayas.

Cependant, la pluie qui est tombée
du ciel a éteint toutes les lumières
de la terre.

Néanmoins, Tohil pouvait évoquer
une flamme à tout moment en
frappant un pied contre l'autre.

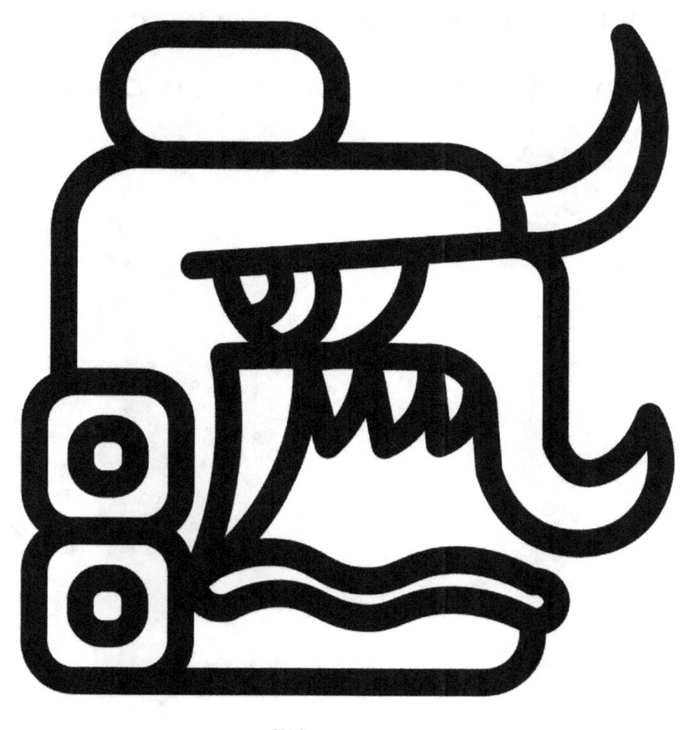

TOHIL

POK-TA-POK

Les archéologues ont découvert
le plus grand terrain de jeu
de l'ancienne cité maya de
Chichen Itza (Yucatan),
un "stade" construit en 864.

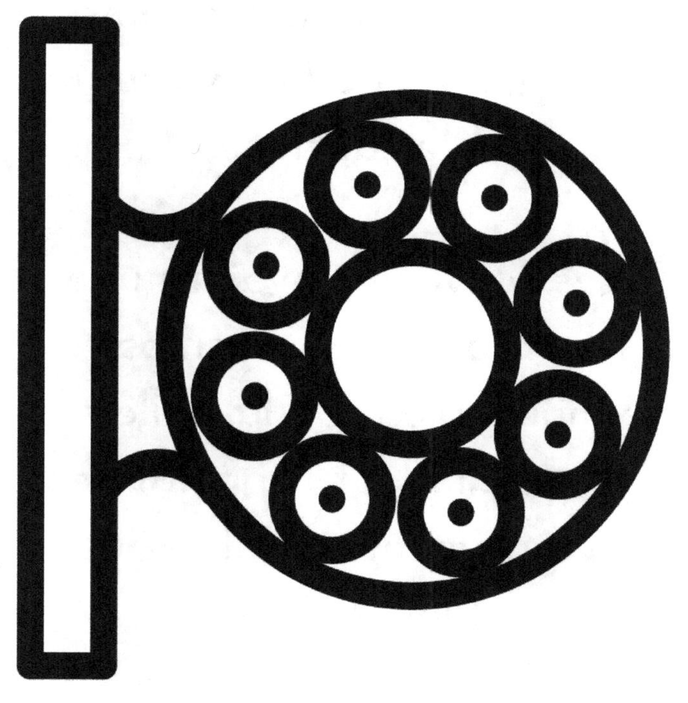

POK-TA-POK

POK-TA-POK

Pok-ta-pok est le nom du stade (type de structure en pierre où les Indiens ont joué au ballon pendant 2 700 ans) et en même temps le nom d'un jeu de ballon auquel jouaient les anciens Mayas.

Les Mayas y voyaient une métaphore du Cosmos - le mouvement de la balle sur le terrain leur rappelait le mouvement des planètes dans l'Univers.

Le but de l'équipe était de marquer une balle en caoutchouc de quatre kilogrammes dans le ring de l'adversaire, taillée dans la pierre et située verticalement sur le mur.

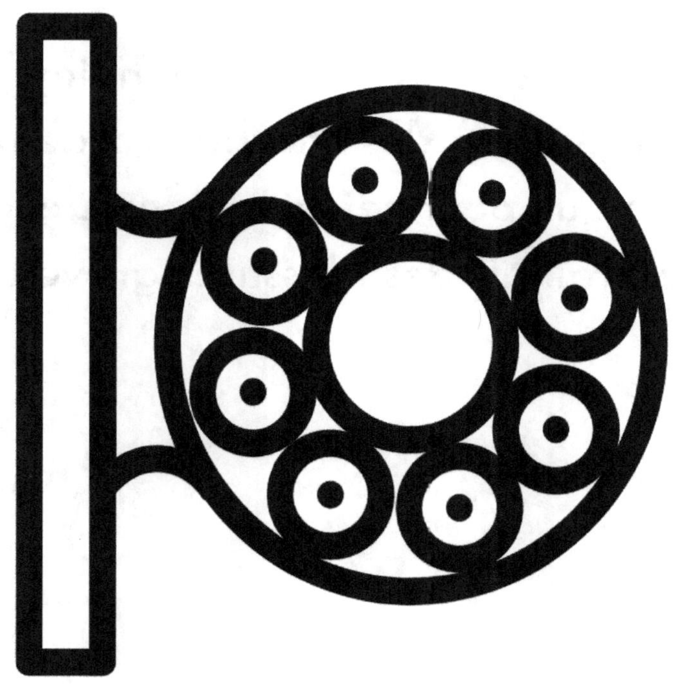

POK-TA-POK

DANCE DU FEU

Chacun a pris son propre paquet, y a mis le feu, puis du paquet a mis le feu au bois à l'intérieur de la voûte.

Ceux qui dansaient marchaient pieds nus sur des charbons ardents, ce qui, pour certains danseurs, entraînait des blessures graves.

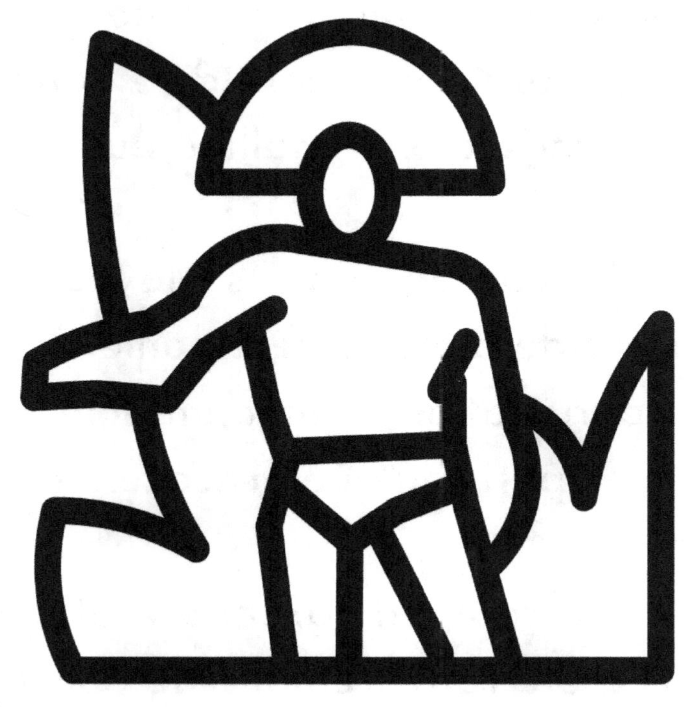

DANCE DU FEU

DANSE DU FEU

La danse du feu est l'une des danses rituelles dês Mayas.

Elle s'est déroulé une année sous le signe du Kawak, considéré comme dangereux et malheureux.

Par conséquent, les Mayas considéraient la cérémonie de purification comme un acte apotropaïque efficace.

Dans la cour, une grande voûte en bois a été faite, remplie de bois de chauffage, au sommet de laquelle un chanteur était assis et faisait sonner son tambour.
Au début de la nuit, tout le monde est retourné à la voûte en bois :

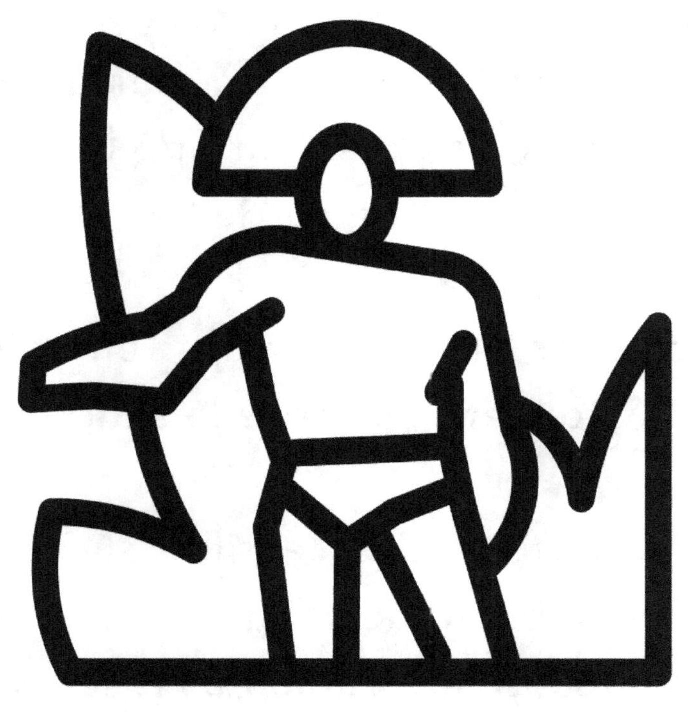

DANCE DU FEU

INITIATION MAYA

Son essence était que tous les hommes d'une même famille, réunis dans le temple, perçaient alternativement leur pénis avec une pointe, et à travers les trous qu'ils faisaient, ils passaient une ficelle ou une corde.

Selon les Mayas, l'âme et l'énergie vitale étaient dans le sang.

Se retrouver ainsi "enfilés" sur une corde imbibée de sang commun ; ils symbolisaient l'union avec leurs ancêtres divins.

Plus tard, ce rite a commencé à être pratiqué chez les femmes. Sauf qu'elles se perçaient la langue.

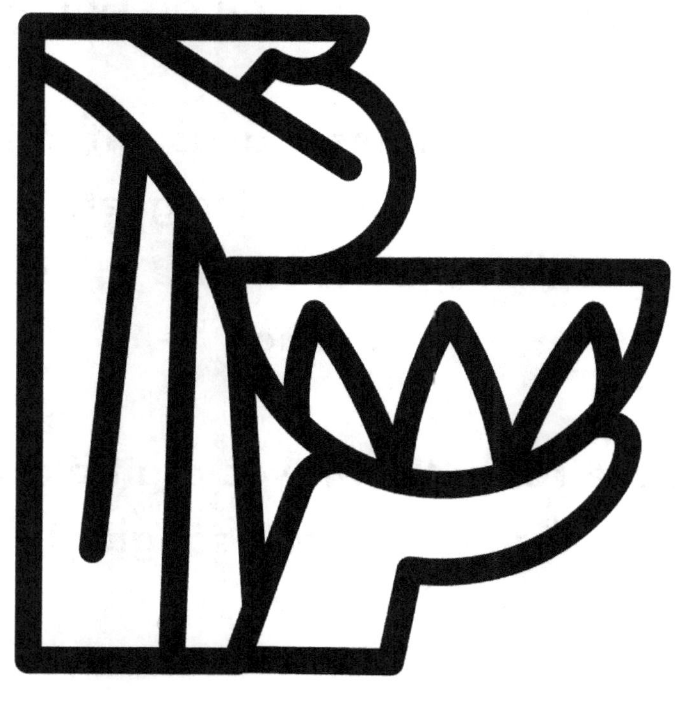

INITIATION MAYA

INITIATION MAYA

Les initiations de Maya sont des rituels, toujours douloureux et sanglants, qui devaient prouver le courage et la dévotion de l'initié.

Habituellement les Mayas ont initié les rois, les prêtres et les guerriers. Plus tard ils ont commencé à initier les femmes.

Plus le rang des Mayas était élevé, plus l'initiation était sanglante et douloureuse.

L'une des initiations courantes était le rite du "cordage". Ce rituel peut être appelé la variante la plus inhabituelle de la saignée rituelle non mortelle chez les Mayas.

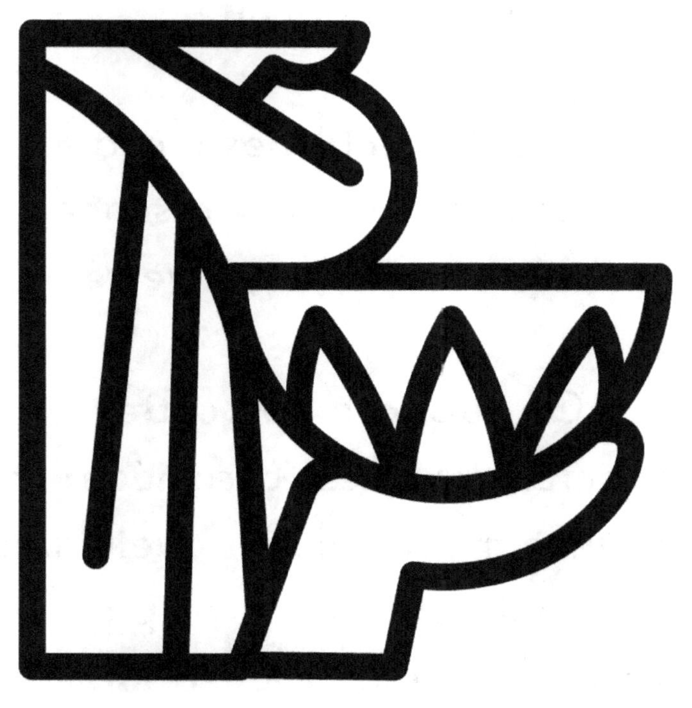

INITIATION MAYA

MASQUE MAYA

Les matériaux les plus courants pour eux étaient le jade, l'obsidienne, la nacre, la turquoise et la malachite.

Un trait distinctif des masques funéraires était la présence d'une bouche entrouverte.

On suppose que cette caractéristique est associée à la croyance maya selon laquelle une âme qui quitte le corps par la bouche est immortelle, capable de renaître et de retourner à son propriétaire.

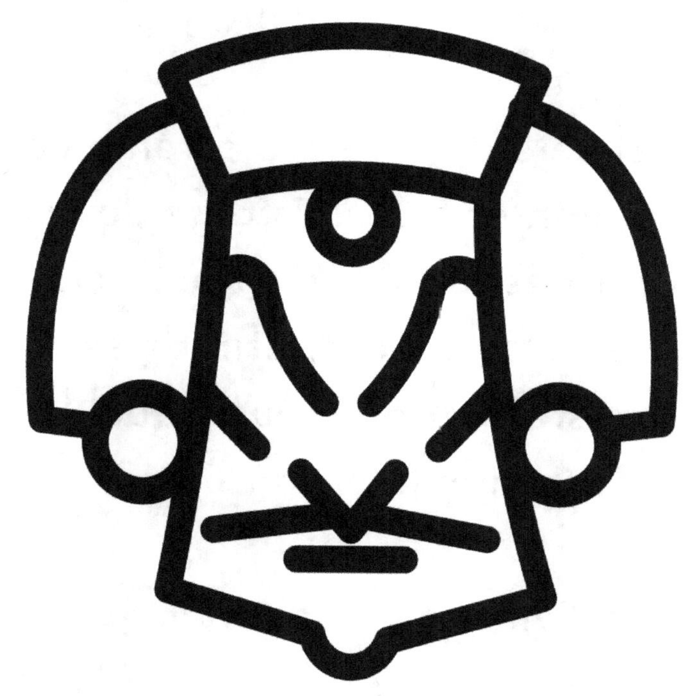

Masque Maya

MASQUE MAYA

La mythologie Maya croyait que celui qui mettait le masque semblait passer dans la créature qu'il représentait.

Ainsi, lors de diverses cérémonies, le chaman et ses assistants devaient porter des masques en bois, en os, en plumes, etc., afin de se transformer en dieu auquel la cérémonie était dédiée.

Il convient de mentionner que les actes de sacrifice étaient également pratiqués avec des masques.

Les masques funéraires étaient d'une grande importance, qui ont été fabriqués avec un art spécial.

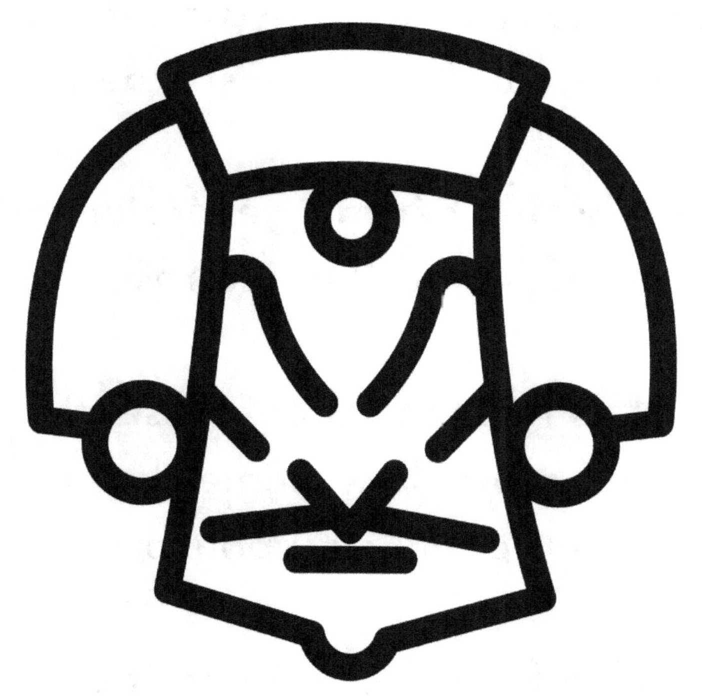

Masque Maya

ROI MAYA

Les rois mayas étaient les centres de pouvoir de la civilisation maya.

Chaque cité-état maya était sous le contrôle d'une dynastie de rois.

Le fils aîné héritait généralement de la position de roi.

Les rois mayas ont ressenti le besoin de légitimer leurs prétentions au pouvoir.

Une façon de faire était de construire un temple ou une pyramide.

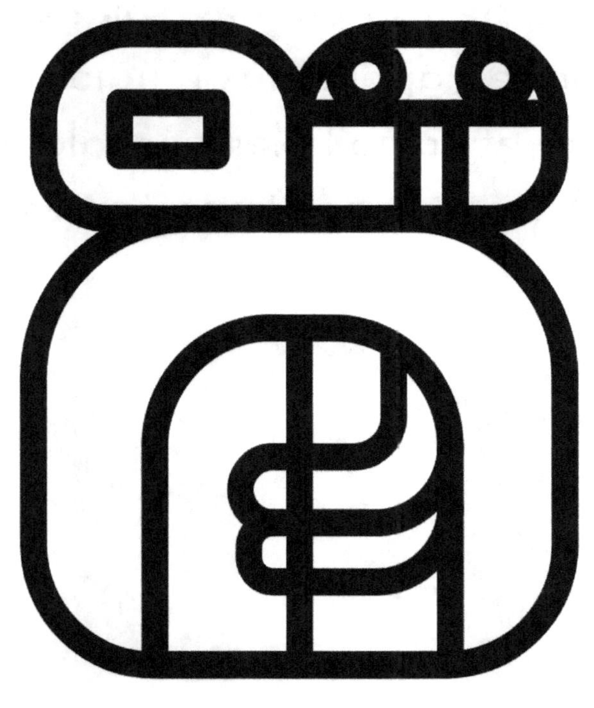

ROI MAYA

AH KIN

calendrier, les événements astronomiques, géré les lieux sacrés, les cérémonies et les jours fériés, fourni des prophéties, soigné les malades, appris aux étudiants à écrire et compilé les généalogies des personnes importantes.

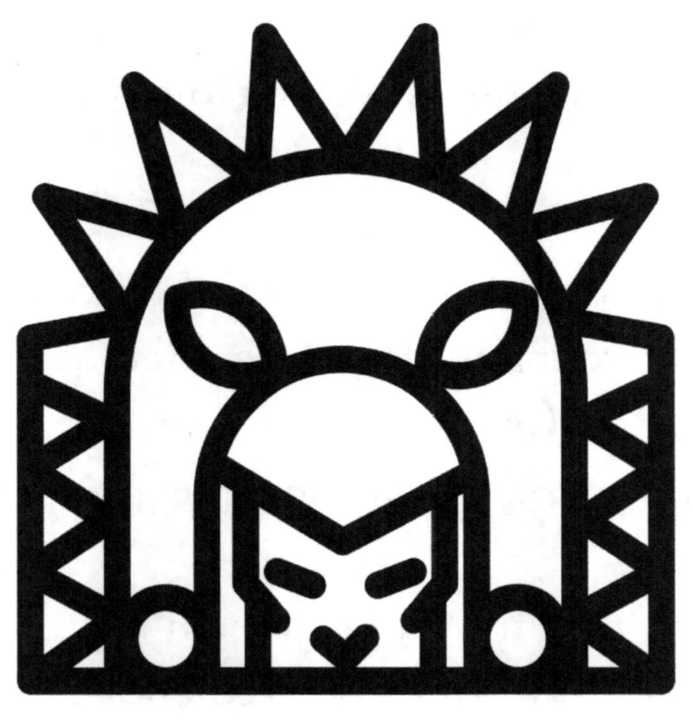

AH KIN

<u>AH KIN</u>

Ah Kin, "Il vient du soleil", est le titre de prêtre dans la tradition maya.

Contrairement aux Aztèques, les prêtres mayas n'étaient pas célibataires.

Les fils ont suivi leurs pères dans la fonction de prêtre, bien que parfois les seconds fils des dirigeants soient devenus prêtres.

Le titre du prêtre, Ah-Kin, parle du lien avec le calendrier et l'astronomie, et leurs fonctions comprenaient non seulement les rituels, mais aussi l'éducation.

Ils ont également calculé le

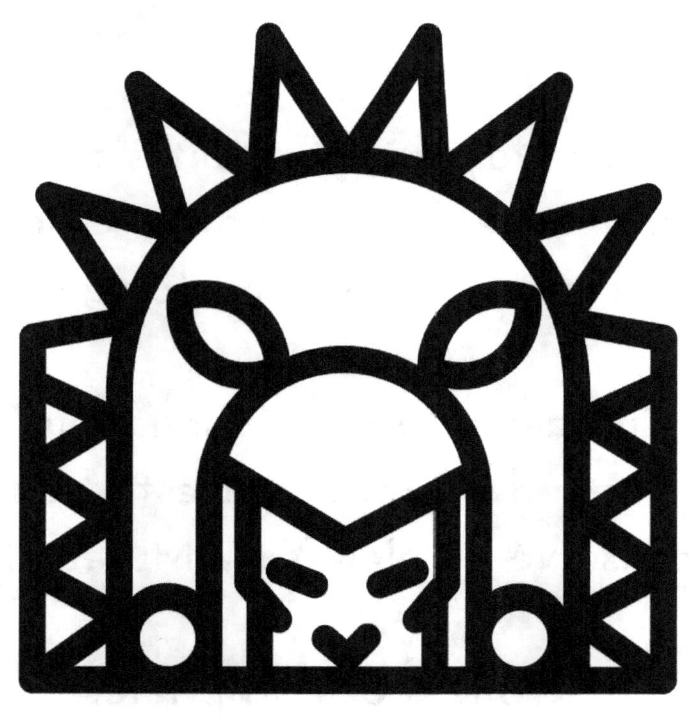

AH KIN

CRÂNE DE CRISTAL

Le crâne de cristal est un crâne
de forme humaine composé
de quartz blanc clair ou laiteux,
d'améthyste et de cristal.

Les Mayas sont crédités de
la paternité des incroyables crânes
découverts par les archéologues.

L'un des artefacts connus sous
le nom de "Crâne du Destin" est
conservé au New York Museum.

Le crâne a des propriétés
optiques inhabituelles.
En plaçant n'importe quelle source
de lumière en dessous, vous pouvez
voir comment les orbites du crâne
commencent à briller.

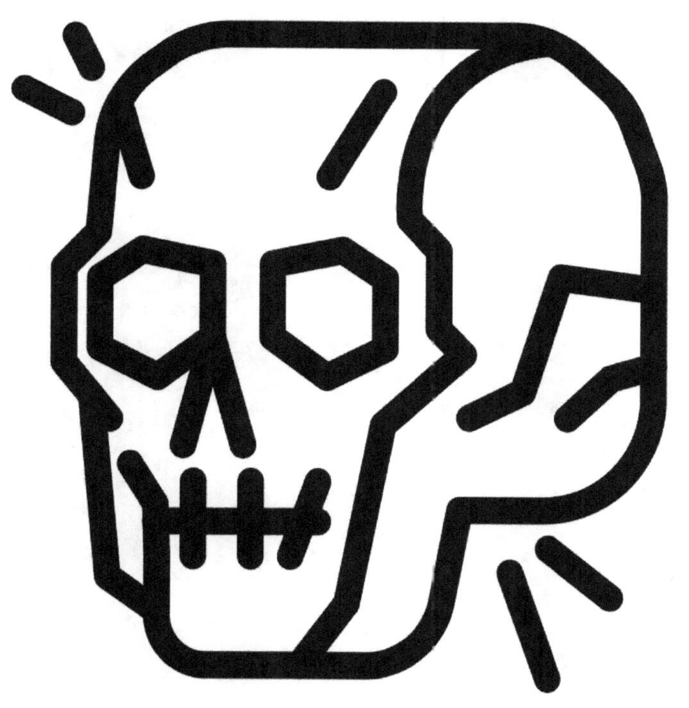

CRÂNE DE CRISTAL

SYMBOLES
MAYAS

partie des glyphes ont disparu, ainsi que tout moyen d'interpréter leur signification.

Au fil du temps, les chercheurs sont parvenus à en décoder suffisamment pour qu'il existe désormais des définitions pour au moins 90% des glyphes existants.

Malheureusement, bon nombre
de ces éléments de la culture et
de l'empire Maya ont été détruits
au fil du temps, ce qui a semé
la confusion dans la compréhension
de la véritable signification
de ces symboles.

Après la conquête espagnole de
l'empire Maya au XVIe siècle,
les Mayas ont été contraints
d'abandonner leur langue et
leur religion.

Les Espagnols ont forcé
la population à se convertir
au christianisme et à communiquer
en espagnol.

Après la Conquête, une grande

pourraient provenir même
d'avant cette période.

Des hiéroglyphes mayas ont été
trouvés gravés sur de la pierre et
des os, peints sur de la poterie ainsi
que sur d'autres surfaces faisant
écho à l'utilisation de différents
procédés par les Mayas.

Les Mayas étaient l'une des seules
civilisations anciennes à avoir
développé leur propre système
d'écriture complexe.

Parallèlement à cela,
ils ont également développé leur
propre calendrier complet ainsi
qu'un système de zodiaque.

AVANT-PROPOS

Les symboles mayas ont eu
une riche histoire à travers
l'Amérique centrale.

S'étendant sur un vaste territoire
qui allait du Mexique
au Guatemala, au Belize et
au Honduras, des symboles et
des glyphes mayas ont été trouvés
dans une vaste gamme d'endroits.

Ces symboles sont cruciaux pour
comprendre leur religion, leur vie
quotidienne et même leur structure
économique et sociale.

Les premiers symboles mayas
connus datent de 250 av. J.-C.,
bien que certains pensent qu'ils

MAISON DE XIBALBÁ (5)

La Maison des Rasoirs est la cinquième maison de Xibalbá.

Cette maison était remplie de lames et de rasoirs qui se déplaçaient d'eux-mêmes.

Xibalbá avait au moins six maisons meurtrières remplies de défis pour les visiteurs.

Le but de ces tests était de tuer ou d'humilier les personnes qui y étaient placées si elles ne pouvaient pas déjouer le test.

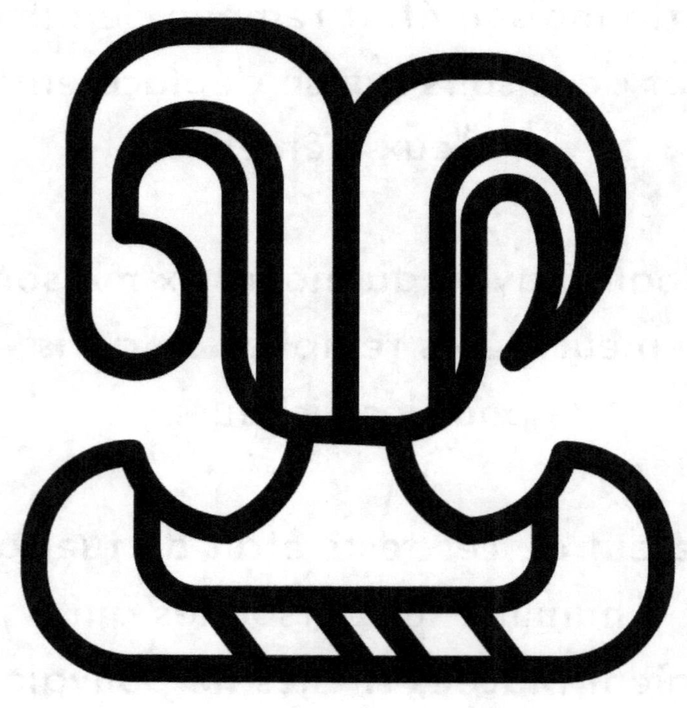

MAISON DU FEU

MAISON DE XIBALBÁ (6)

La Maison du Feu était la sixième maison de Xibalbá.

La Maison du Feu était remplie de feux et de chaleur suffocante.

Xibalbá avait au moins six maisons meurtrières remplies de défis pour les visiteurs.

Le but de ces tests était de tuer ou d'humilier les personnes qui y étaient placées si elles ne pouvaient pas déjouer le test.

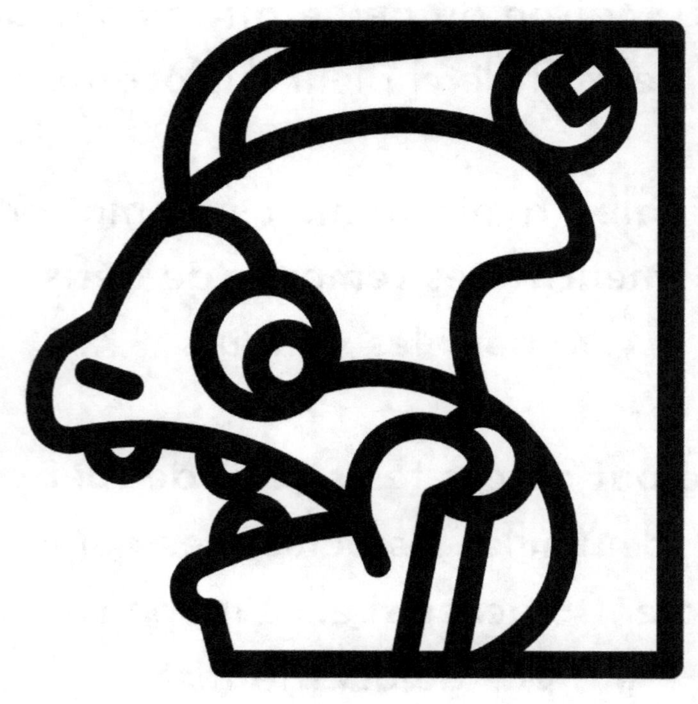

AH PUCH

AH PUCH

Ah Puch est l'un des dieux de la mort dans la mythologie maya.

Ce dieu est habituellement représenté sous une forme anthropomorphe avec un crâne au lieu d'une tête et des taches cadavériques noires sur le corps.

Sa coiffe a la forme d'une tête de caïman.

Les Mayas avaient un grand nombre de dieux de la mort, leurs noms varient selon la tribu dont ils sont attestés.

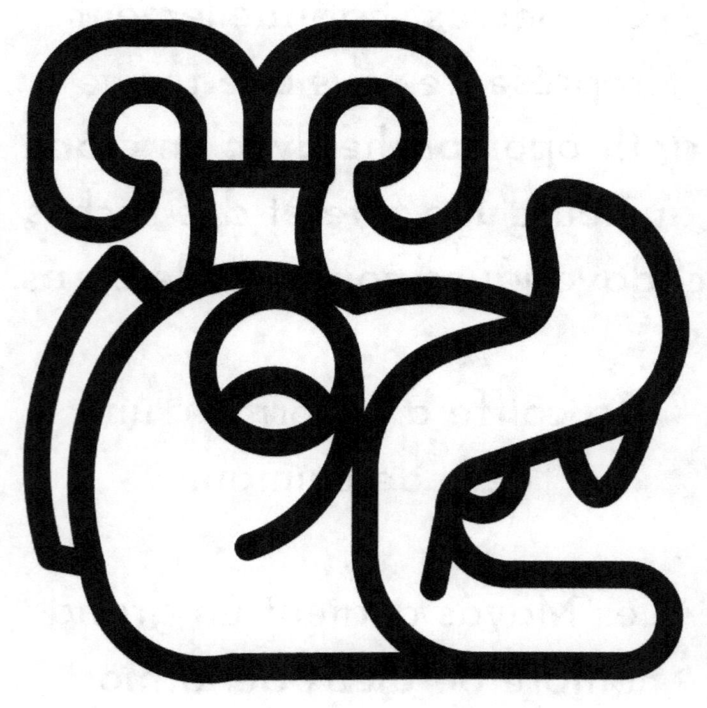

HURACAN

HURACAN

Huracan est le dieu du vent
dans la tradition maya,
dont le nom est traduit par
"celui qui se précipite vers le bas".

Huracan était également
un dieu unijambiste.

Huracan avait trois dieux auxiliaires
ou incarnations : Kakulha-Huracan,
Chipi-Kakulha et Rasha-Kakulha.

Le messager d'Huracan était
l'oiseau mythique Wok.

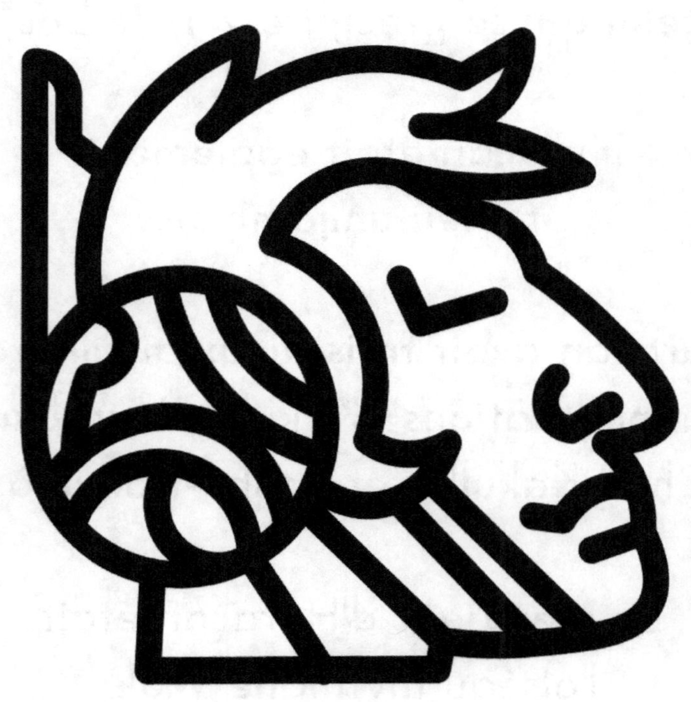

KUKULKÁN

KUKULKÁN

Kukulkán est traduit par
"serpent à plumes".

Dans la mythologie maya, il est l'une
des principales divinités.

Kukulkan est un dieu des quatre
dons sacrés - le feu, la terre, l'air
et l'eau.

Chaque élément était associé à
un animal ou végétal divin :
Air - Aigle, Terre - Maïs,
Feu - Lézard, Eau - Poisson.

Dans les manuscrits et
la sculpture maya, Kukulkan
est représenté par au moins
six images symboliques.

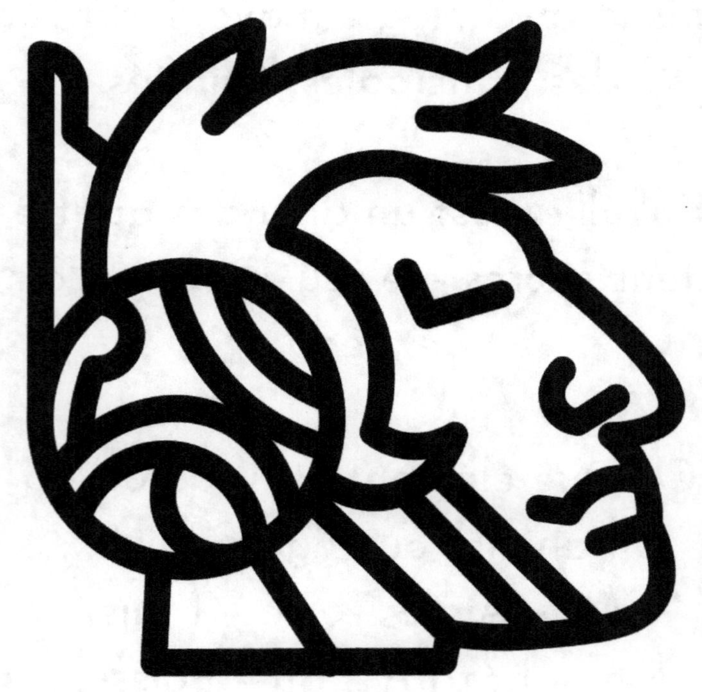

KUKULKÁN

KUKULKÁN

Kukulkán était surtout représenté sous la forme d'un serpent.

Il a également été représenté comme un aigle, un jaguar, une coquille d'escargot et enfin comme une flûte en os.

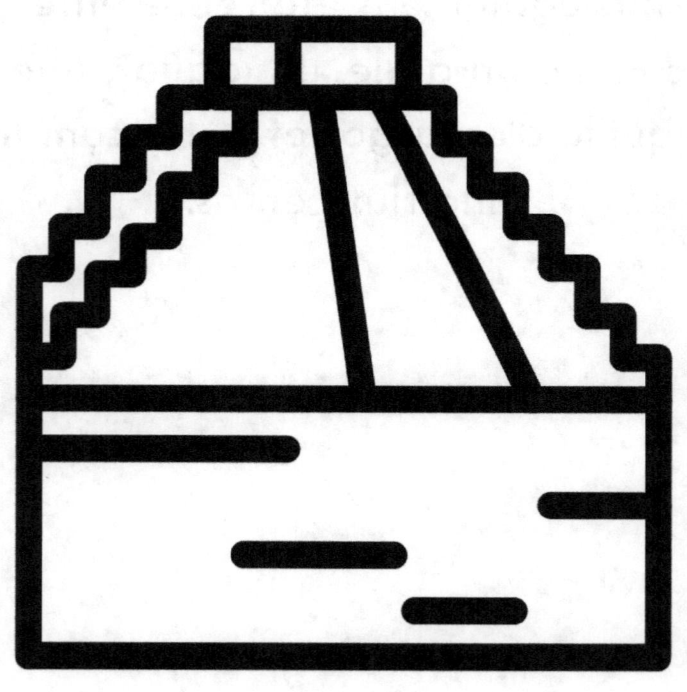

TEMPLO DE KUKULKÁN

TEMPLO DE KUKULKÁN

Le "Templo de Kukulkán El Castillo" est situé dans le centre de Chichen Itza.

La pyramide de Kukulkan mesure 30 mètres (75 pieds) de haut et 55,3 mètres de large.

Comme beaucoup d'autres temples de la région, le temple de Kukulkan a été construit sur le site d'une pyramide plus ancienne.

Les Mayas ont collecté suffisamment de matériaux de construction, ont conduit les gens, puis ont augmenté la hauteur et la largeur de la pyramide.

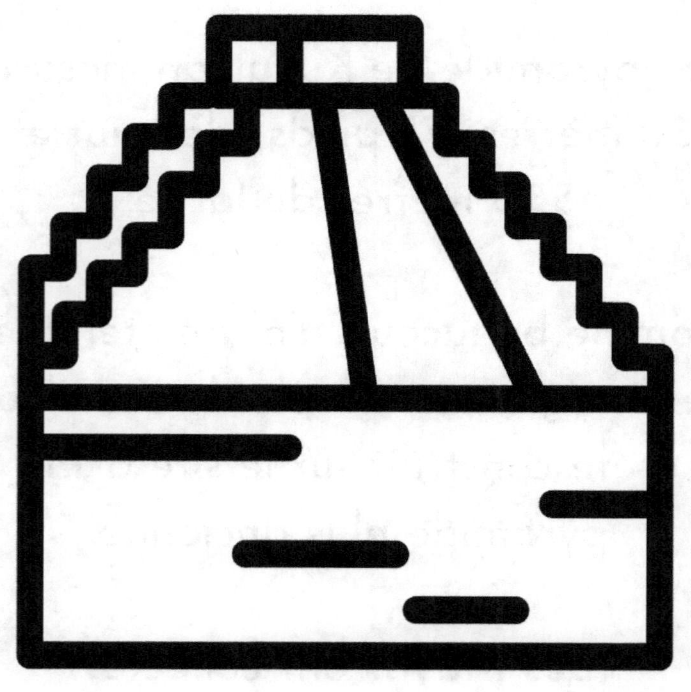

TEMPLO DE KUKULKÁN